名人传记

朱元璋传

有"乞丐皇帝"之称的开国领袖

郑 虹◎编著

成都地图出版社

图书在版编目（CIP）数据

朱元璋传 / 郑虹编著. -- 成都：成都地图出版社，
2018.4 （2023.3重印）
ISBN 978-7-5557-0862-9

Ⅰ.①朱… Ⅱ.①郑… Ⅲ.①朱元璋（1328-1398）
－传记－青少年读物 Ⅳ.①K827=48

中国版本图书馆CIP数据核字(2018)第051898号

朱元璋传

ZHU YUANZHANG ZHUAN

责任编辑：魏小奎
封面设计：吕宜昌

出版发行：成都地图出版社
地　　址：成都市龙泉驿区建设路2号
邮政编码：610100

印　　刷：三河市同力彩印有限公司
（如发现印装质量问题，影响阅读，请与印刷厂商联系调换）

开　　本：710mm×1000mm　　1/16
印　　张：8　　　　　　字　　数：120千字
版　　次：2018年4月第1版
印　　次：2023年3月第5次印刷
书　　号：ISBN 978-7-5557-0862-9
定　　价：35.00元

I 导 读 >>>>>>
Introduction

Zhu Yuanzhang
朱元璋

朱元璋是明朝开国皇帝，自幼贫寒，父母兄长均死于瘟疫，他从小孤苦无依，先后做过寺庙小沙弥、游方僧、乞丐。投奔红巾军后，他展现出卓越才干，成为义军领袖，继而剪除群雄，推翻元朝暴政，在南京称帝，国号大明，开创了二百多年基业。

朱元璋身上集合了秦始皇的英明与残暴、汉高祖的用人智慧、唐太宗的民本思想、宋太祖的专制集权，这些皇帝有的他身上都有，并且超出前人，他集合了很多皇帝的特点。

朱元璋是一个真正的白手起家者，由社会最底层的孤儿和流浪僧人一步步奋斗到万人瞩目的天子之位，其间的艰难与辛酸难以想象。他身上具备一种最原始的生存动力，正是这种力量促使他像一粒种子，克服一切艰辛困苦，寻找到一片适合生存的土壤并努力扎根下去，经历风雨的洗礼，最终开放出灿烂的生命之花。

都说磨难是财富，白手起家者的优势正在于此。由于一无所有，所以他们不怕失去；由于历尽人间沧桑，他们更加理性。

从朱元璋少年时代的行动来看，他身上具备冒险、力行和理想主义等特质，潜意识中具有较强的领导和支配欲，这些素质都是成功的领导者们普遍具备的人格特征。大凡一无所有的创业者都敢于冒险，因为即使是失败，他们的生活也不会变得更糟；而一旦成功了，则改变了命运。所以冒险特质在他们身上会发出格外强大的能量，这也是此类创业者容易获得成功的原因。

中国开创皇朝的君主中，全无凭借、白手起家的例子，只有刘邦与朱元璋二人。刘邦爱交朋友，讲义气，用人非常广泛，建国后也是广为封赏；而朱元璋以淮西功臣为将领，以浙东儒生为谋士，缺少宏大的气魄。他诛杀功臣，广封皇子，全是"家天下"的作风，其气度远不如刘汉。朱明一代，中国始终是自保的格局，缺少了开放的气魄。

汉初有一个庞大的功臣集团，拱卫着刘家的江山；而朱元璋建立的只是一个家族集团，其权力，旁人不能染指。

此外，朱元璋早年的赤贫和艰苦生活深深地影响了他的性格。他生性残忍，痛恨别人享乐，痛恨奢侈腐化。有一次，他听说京卫将士闲暇饮酒，就将他们召来大加训斥。他对青年人下棋、玩球、吹箫、唱曲也异常痛恨，因娱乐而被割舌、卸脚、充军的，屡见史籍。这种病态人格和他出身卑微、早年赤贫有关，他目睹多位亲人饿死，恶劣的生存境遇使他心硬如铁，刻薄寡恩。

朱元璋的反贪手段极其严厉，对贪官处以剥皮揎草之刑，甚至暴尸示众。这也反映了他的阴狠。但是用恐怖手段治国终究不是上策。

朱元璋是一位杰出的历史人物，但我们不能只赞美他，也要看到他的缺点，认真总结他给我们的国家和民族带来的影响。这才是读史的真正目的。

目　录 >>>>
Contents

第一章

Zhu Yuanzhang

艰难时世

富贵不淫贫贱乐，男儿到此是豪雄。

——〔北宋〕程　颢

▶ 贫苦出身

公元 1328 年，正是元朝天顺帝天顺元年，淮河岸边的濠州钟离县（今安徽凤阳）诞生了一位改朝换代的人物，他就是历史上赫赫有名的明太祖朱元璋。

朱元璋诞生于元朝天顺元年（1328 年），农历九月十八。他长相奇异，不同凡响。《明史》是这样记载的，朱元璋"臂长，姿貌雄杰，奇骨贯顶。志意廓然，人莫能测"。

他躯干魁伟，黑黑的脸，下巴比上颚长出一寸多，高高的颧骨，鼻子大、耳朵大。就整个脸盘看，恰似一个横摆着的立体的"山"字，脑盖上一块奇骨隆起，像一个小山丘。粗眉毛，大眼睛，样子虽看着叫人不喜欢，却很匀称，威严沉着。

朱元璋的父亲朱世珍，又名朱五四，是个老实本分的农民。面对这个孩子的降生，他没有太多的欣喜。因为他已经有了三个儿子和两个女儿，吃饭的问题沉重地压在他的肩上。

农民朱五四有一个豆腐店，但主要还是靠种地主家的田地讨生活。这就决定了这个劳动家庭的每个成员，要活下去只能不停地干活。

朱五四给这个新生儿取名叫朱重八。在元朝，老百姓如果不上学或当官就没有名字，所以穷人家就随便给孩子加个称呼，比如以父母年龄相加、家族排行或者用出生的日期命名，朱重八的名字就是这么来的。

由于家里没钱，上学是一种奢望。朱重八只能给地主刘德家放牛，一放就是十二年。

朱五四为人忠厚勤劳，一生安分守己，起早贪黑，埋头苦干，希望能有一个幸福的家庭。然而，元朝末年，官府强加在百姓头上的各项徭役赋税，比之元初又猛增了十倍二十倍之多，加之贪官污吏肆虐、鱼肉百姓，人民生活在水深火热之中。朱五四再勤快也无法逃脱受困挨饿的日子，他的家境还是越来越坏。

朱重八的母亲陈氏，一生勤勤恳恳、吃苦耐劳，她身上这些中国妇女的传统美德在朱重八身上留下了明显的痕迹。母亲爱给朱重八讲故事，讲得最多的是外祖父抗元的故事。朱重八的外祖父曾经在宋朝大将张世杰手下当亲兵，跟随张世杰忠心耿耿，誓死抗元。母亲动情地讲述他那忠烈义勇的

朱重八小时候放牛图

故事，朱重八听了深受感动，从心底里敬佩外祖父，觉得英雄就应该是外祖父那样的人。

成长关键词

勇敢、机智、雄心

朱重八为地主刘德放牛，一同给刘德放牛的还有周德兴、汤和、徐达等小伙伴。朱重八爱玩爱闹，会出主意，成了放牛娃中公认的孩子王。地主刘德经常打骂放牛的孩子，朱重八一直想教训他，可是人小力薄，不能与之对抗。

有一次，朱重八和几个放牛娃在山野放牛。顷刻间雷声隆隆，下起了暴雨，朱重八同小伙伴们躲在山崖下。大家觉得肚子饿了，便七嘴八舌地说要是有吃的东西该多好。大家越说越饿，越饿越馋。朱重八忽然喊了声"有了"，大家还没明白是怎么回事，他已牵了一头小牛犊过来，笑着说："这不是现成的肉吗？不吃白不吃。"说着便用绳子捆住牛犊的前后腿。大家明白了他的意思，周德兴举起砍柴的斧子，对着牛当头一斧。汤和、徐达几个胆大的赶紧帮忙剥皮割肉。别的小伙伴忙拣些枯树枝，架起柴火。大家

围坐在火堆旁，一边烤着，一边美滋滋地吃着。

但是，少了一头牛，怎么交差呢？大家都为此而发愁，朱重八却很镇定地说："不用怕，出了事，我担着！"他让大家众口一词，就说刚才刮大风，下暴雨，山里裂开了一条大缝，小牛犊掉进裂缝里，拉不出来了。大家在朱重八的指挥下，掩埋好牛骨、牛皮，清理干净地上的血迹，又将小牛尾巴插在石头缝里才回去。

朱重八回到村里，地主见少了一头小花牛，就责问怎么回事。朱元璋说："那牛不知怎么搞的，钻进山缝里出不来了。"还领着地主，找到那块大山石。地主借着灯火一看，果然有条小牛尾巴露在石缝外面，他用手去拽牛尾巴，牛尾巴被拽了出来，可牛却不见了。地主垂头丧气地骂道："真是乱坟风冒烟……"说完，就气呼呼地走了。从那以后，朱重八在小伙伴心目中就更有威信了。

"人看其小，马看蹄爪"，年幼的朱重八用聪明和机智赢得了伙伴们的尊重和信服，表现出与众不同的领导力。

▶ 游方和尚

至正四年（1344年），朱重八17岁，淮河流域的人民遭受着苦难——旱灾，蝗灾，加上瘟疫。好几个月没有下过雨了，栽下的苗晒得干瘪枯黄，大地裂开了一条条缝。人们到处求雨祈神，老年人恭恭敬敬向龙王爷磕头，孩子们戴着柳枝圈跑出跑进。正在人们焦急没收成时，弥天漫地的蝗虫又来了，把谷穗上稀稀的几颗粟粒吃得一干二净。上年纪的人都在唉声叹气，哭丧着脸说，几十年来都没有见过这样的年成，这日子着实过不得了。

不料祸不单行，疫瘟大起，钟离太平乡的人接二连三地病倒。人们已经吃了不知多久的草根树皮了，病一染上就挺不住了，开始只觉得浑身无力气，接着是上吐下泻，不到一昼夜便断了气。起初大家还不理会，等到一个村子里一天死去了几十个人，家家死人、天天死人的时候，人们就觉得这是上天在降罚，散布瘟疫来收人，才着了慌，也不管"在劫难逃"的老话了，认为还是逃命要紧。各村庄的人携儿带女，只要有亲戚朋友家可投奔的，连家里的病人都顾不得了。不几天的工夫，太平乡数得出的十几个村子，便落得人烟寥落，鸡犬声稀，显出一片凄凉黯淡的景象。

朱重八一家在这场瘟疫中也没能幸免。朱五四最先死去，紧接着，大儿子朱重四和妻子陈氏相继抱病身亡。没过半个月的时光，全家九口人死了三分之一。一贫如洗的朱家无钱发丧，朱重八兄弟只得去求老东家刘德，又遭拒绝。后来幸得刘德的兄嫂刘继祖夫妇赠送了一块坟地，三位死者才得以下葬。

成长关键词

勇敢、机智、雄心

家里两个主要的劳力没有了，留下的全是孤儿，老二朱重六人小体弱，最小的朱重八尚未完全长大成人，地一时无法继续耕种。一家人反复合计后，决定分家，各找活路。老大重四的寡妻带着儿女去了娘家，老二重六夫妇二人也离开太平乡，外出逃荒去了，只剩下朱重八一人孤苦伶仃，暂留家中。

朱重八在哥哥走后，独自一人找不到生计。幸得好心的邻居汪大娘提出一个建议，让朱重八到皇觉寺去当和尚，至少能有碗饭吃。

对于衣食无着的朱重八来说，这不失为一条出路。于是汪大娘备齐了礼品，把朱重八带到了山上的皇觉寺中，求法师高彬收朱重八为徒。高彬见朱重八身板结实，头脑灵活，觉得身边也需要这么一个机灵的小和尚伺候，而且寺庙里的杂活也得有勤快的人来干。所以，就收下了朱重八，充当行童。

行童其实就是一个小杂工，事情非常多，也非常繁重，比如每天得打扫卫生、上香、掌管乐器，还要给长老们端茶送水、做饭洗衣。如果其他的和尚有要求，朱重八也得听从使唤。朱重八开始倒觉得没有什么，因为这与在财主刘德家里所干的活没什么两样，虽然有点累，但是不用担心三餐饿肚子了。

由于行童的身份低，朱重八在寺里难免会遭其他师兄的欺负，经常被他们呼来喝去，给脸色看。对此，朱重八的心中很不平，想不通为什么整天宣讲"众生平等"的长老和师兄们偏偏对自己这样不平等。愤愤不平的朱重八无处申诉，只得经常拿菩萨撒气。

游方和尚

有一天，因为佛殿里的香烛被老鼠咬坏了，高彬长老大发脾气。后来将责任追究到朱重八的头上，高彬长老指着他痛骂了一顿。朱重八有气发作不得，只好忍受着长老的指责。等到长老一走，朱元璋开始责怪菩萨，说是菩萨掌管大殿，整天光吃供奉不干活，还纵容老鼠为害，实在该打。

还有一回，朱重八在打扫佛殿的时候，被伽蓝菩萨的腿绊了一跤，想到自己的辛苦和委屈，便气不打一处来。再加上之前曾因老鼠咬香烛的事情被长老责骂了一通，愤怒不已的朱重八不顾师兄弟们惊诧的目光，在伽蓝菩萨的背后写了"发配三千里"的字样，和尚们看得目瞪口呆。

朱重八的这些举动看似率性而为，实质却是颇有深意的反抗。幸好，这样的日子并不长。

至正四年（1344 年）十一月初，入寺才满 50 天的行童朱重八还没学会念经作佛事，便背起包袱去游方化缘了。因为寺中所存的钱粮已所剩无几，高彬长老无奈之下对徒弟们说寺内要罢粥，要徒儿们有家归家，无家可归者就去游方化缘。于是，朱重八便开始了四处云游的讨饭生活。

朱重八边走边化缘，先后经过了安徽合肥，河南固始、光山、汝州、淮阳和鹿邑等地。一路上，他跋山涉水、风餐露宿，化不到缘就要忍饥挨饿，饱尝了人间的艰辛。然而，苦难的环境，却练就了他的毅力，也让他体验了老百姓之间的患难真情。

一日云游时，朱重八在途中遇见两名四处游荡的道士，朱重八便和他们结伴而行。晚上，他们在路边的土地庙里落脚。半夜，朱重八突然浑身无力，说起了胡话。两名道士懂点医术，赶快弄了些柴草点起火，用庙里的铜香炉烧了火，并脱下外衣给朱重八盖上。第二天，他俩又讨来姜汤，取了冠白芦根，给朱重八服下。

在他们的精心照料下，朱元璋逃脱了一场厄运。

▶ 官逼民反

在朱重八云游化缘的这段时间，北方的白莲教教主韩山童和南方的白莲教教首彭莹玉正在淮西秘密进行传教活动，这个幌子下隐藏的真正用意是反抗元朝的统治。

白莲教创教于南宋高宗绍兴初年，创始人是昆山佛僧茅子元。此教起初为元朝政府承认，并迅猛发展起来。后来由于元朝政府的插手，白莲教发生了两极分化，上层的教首与官府勾结，走到了人民的对立面。而下层的贫民出于对元朝统治者的不满，就借助于参加白莲教的机会，经常聚集在一起商讨灭元大计。这引起了元朝统治者的警惕，朝廷下令禁止白莲教的传教活动。虽然历经取缔，但屡有反复，民众借用白莲教进行反元活动的宗旨一直没有改变。

韩山童从祖父一辈起就是白莲教的传教者。元朝在北方取缔白莲教时，韩山童的祖父也被官府捕获并流放，但矢志不改。韩山童继承了祖父的事业，继续利用白莲教进行秘密反元宣传。他利用"天下当大乱，弥勒佛下世，明王出生"的宣传口号，取得了老百姓的信任。百姓纷纷加入白莲教，寻求精神上的安慰。

彭莹玉是南方的白莲教首领。据说彭莹玉的出生颇有奇象异兆，他一出生就有红光映红了半边天空。他 10 岁时出家为僧，长期的活动建立了广泛的群众基础。利用这种群众基础和组织方法，彭莹玉积极开展有效的政治斗争，举行武装起义。起义的人后背上都写有一个"佛"字，取意为佛祖

官逼民反

保佑，刀枪不入。遭元朝镇压之后，彭莹玉在白莲教信众的掩护下逃到了淮西，继续进行耐心的传教活动和反元宣传。

朱重八化缘时所游历的淮西一带，当时正是白莲教的南方教首彭莹玉最主要的活动区域。白莲教是佛教的一支，作为和尚，朱重八有更多的接触信众和了解白莲教的机会，并且受到了不小的影响。

有了长达数年的出游经历后，朱重八更加直观地看到了元朝统治者给民众带来的苦难，看到了社会分配的不合理。他也清醒地认识到，期待元朝当权者的一时良心发现而善待百姓是不可能的。他敏感地捕捉到了当时的历史大势——造反。同时，几年的游历生涯，也使朱重八渐渐地熟悉了淮西、豫东一带的山川河流、风土人情、地势关卡，为他以后的起兵打下了良好的基础。

几年的光景过去了，长期在外漂泊，到哪里才算是终点呢？朱重八越想越不是滋味，思乡之情，油然而起。于是，21 岁的他再次回到家乡。此时的皇觉寺已是今不如昔，庙宇破败不堪，香火冷冷清清，高彬长老早已谢世，师兄弟们也已树倒猢狲散。只剩下几个与朱重八一样没有地方可去的和尚，日子过得紧巴巴的。

朱重八和他们共叙了兄弟之情后，再度开始了皇觉寺的生活，这一待又是三年。

至正十一年（1351 年），元朝的统治已经出现明显的败势。这不仅是统治者与汉族之间民族矛盾的结果，同时也夹杂着统治者内部的矛盾。据史料显示，元朝曾经创下了在四十年间换了 9 位皇帝的纪录。在最为混乱的致和元年（1328 年）到元统元年（1333 年）这六年期间，几乎每年都有一次新皇换旧皇的政变。

由于政治昏庸残暴，贪官污吏巧取豪夺，再也无法生存的百姓纷纷开始起来反抗。最先起来反抗的是江浙一带的农民，这一地区常年遇到水旱灾疫，当时的居民已死亡过半，田地荒芜，寸草不生。面对这样悲惨的社会景象，元朝统治者竟然不闻不问。百姓不堪忍受，不得不放下手中的锄头，揭竿而起。接着河南、四川、广东等地也相继爆发了农民起义。

为了镇压人民的反抗，元朝政府加重了刑罚，在这一时期颁布的诏书中就有"强盗皆死"的命令。同时，元朝统治者还加强了各地的军事机构管理，企图以高压手段来镇压农民起义。

正所谓"民不畏死，奈何以死惧之"，这些举动更加触怒了百姓，于是有人打出了这样的旗号："天高皇帝远，民少相公多；一日三遍打，不反待如何！"

至正十一年（1351 年），白莲教首领韩山童看到时机已经成熟，于是便会同刘福通等一同起义，他们头上裹着红巾，打着红旗，在白鹿庄进行了祭天祷告。但是由于事有不巧，官府事先得到了消息，起义民众遭到镇压，韩山童被元军擒获后当场遭到杀害。此后，刘福通接替了韩山童，迎韩山童之子韩林儿为帝，举兵于河南汝颍，正式拉起了队伍，随后又在固始、光山、罗山、息县、确山等地打败了元朝派来增援的军队。由于拥众数十万义军，声势浩大的红巾军，曾一度成为全国农民起义的中心，并建都亳州，夺取开封，建国号宋，年号龙凤。

各地的起义队伍风起云涌，南方的彭莹玉，湖北的邹普胜，邳州的芝麻李，邓州的王权、张椿也纷纷打出了反元的旗号，于是大半个中国陷入了轰轰烈烈的反元起义斗争当中。

这时候，群雄并立，全国反元的基本格局已经形成。元王朝已无力控制局势，中央集权的声威大减，地方上尚有几股相当强大的镇压力量。其中有对各股反元义旅最具威胁并在镇压义军方面立下过"赫赫战功"的察罕帖木儿与扩廓帖木儿父子。另外，河南的李思齐、关内的张思道、山东的王宣王信父子等，也都各拥重兵，雄踞一方。

纷乱中，年轻的朱重八一直在暗中观察着局势的发展。由于朱重八早在云游化缘的时候就已经对白莲教有了一个大概的认识，他觉得白莲教是站在老百姓的立场上说话的，而红巾军又是白莲教的军队，肯定是为老百姓出头的，所以他一直盼望着自己的家乡能够出一支红巾军。

此时的郭子兴已经把濠州攻了下来，正在加紧准备，扩大势力。而元朝所派来的军队不敢应战，只会抓一些贫苦的老百姓或和尚充作红巾军向上司邀功领赏。朱重八害怕被抓，经常在外面躲藏，实在是狼狈不堪。

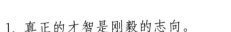

名人名言·自强

1. 真正的才智是刚毅的志向。

——［法］拿破仑

2. 人生就像海洋，只有意志坚强的人，才能到达彼岸。

——［德］马克思

3. 志向和热爱是伟大行为的双翼。

——［德］歌　德

4. 顽强的毅力可以征服世界上任何一座高峰！

——［英］狄更斯

5. 骐骥筋力成，志在万里外。

——［唐］李　白

6. 用功不求太猛，但求有恒。

——［清］曾国藩

7. 我的坚强不多，只比苦难多一点。

——汪国真

8. 命定的局限尽可永在，不屈的挑战却不可须臾或缺。

——史铁生

9. 信念是鸟，它在黎明的黑暗之际，感觉到了光明，唱出了歌。

——［印度］泰戈尔

10. 要随时牢记在心中：决心取得成功比任何一件事情都重要。

——［美］林　肯

◁ 第二章 ▷

Zhu Yuanzhang

乱世英雄

君子志于择天下。

——〔宋〕刘 炎

▶ 踏上征途

正在朱重八走投无路的时候，一封信彻底改变了他的命运。他幼年时的朋友汤和写了一封信给他，信的内容是自己做了起义军的千户，希望朱重八也来参加起义军，共图富贵。朱重八看过后，不动声色，将信烧掉了。他还没有去参加起义军的心理准备。

然而当晚，他的师兄告诉他，有人已经知道了他看义军信件的事情，准备去告发他。朱重八终于被逼上了绝路。

接下来的是痛苦的思考和抉择。朱重八面前有三条路：一、守在寺庙里；二、逃跑；三、造反。

在毫无退路的情况下，朱重八给自己卜了一卦。算卦的结果是"卜逃卜守则不吉，将就凶而不妨"，意思是逃跑、待在这里都不吉利，去造反还可能没事。他一咬牙，终于下定决心，投奔反元队伍去了。

朱重八到了濠州城，守城的红巾军士兵看他衣服破旧，以为是元朝派来的奸细，便把他绑了起来，打算推到城外去处决。朱重八大声据理力争，吵吵嚷嚷吸引了许多人观看，最后把郭子兴惊动了。郭子兴看朱重八相貌出奇，又生就一副好身板，问明情况之后，就把朱重八收为步卒，让他换了衣裳到队伍中当了一名红巾军战士。

朱重八初到义军，没有什么背景，在起义军队伍中也没有人为他撑腰，更得不到将领们的赏识和重用。但他却在训练上表现得异常出色，不仅能够完成训练任务，而且还能时时有所发挥，充分显示了他积极的进取心和事业上的主动性。这种行为是让首领最为高兴和欣慰的，郭子兴看在眼里，记在心上，在不知不觉中已经觉得朱重八是一个可造之才，只是他对朱重八在战场上的表现还不甚了解。

于是在出兵打仗的时候，郭子兴就有意把朱重八带在身边，以此来考察朱重八在战场上的能力。这一考察，他发现朱重八在战场上的表现也同样出色。他尽职尽责，在郭子兴的马前，经常以身护翼郭子兴，并且在掩护之余还能奋勇杀敌，为郭子兴立下了不少的功劳。

当主帅在家留守，令部下自行攻讨的时候，朱重八也总是出师必胜，从无败绩，不仅斩杀大量敌兵，而且生俘人数也最多。这样的英勇无畏的青年，怎能不叫人喜爱呢？

不到一个月的时间，郭子兴就深刻地感觉到朱重八不仅是一个可以引为心腹的人，而且还是一个大有可为的将才。为了进一步验证自己的观点，他把朱重八调到了元帅府当亲兵，为了显示对朱重八的赏识，还提升朱重八为九夫长。也就是在这时，朱重八改名为朱元璋。

朱元璋以前读过几天书，略通文墨，这在农民军队伍中就算是凤毛麟角了。郭子兴遇到事情经常去找他商量、探讨。郭子兴发现朱元璋对问题的分析不仅透彻，而且总能给他满意的答案，他对朱元璋就更加信任了。

▶ 可造之才

朱元璋的意见常常与郭子兴一致，这实在是难得。正缘于此，郭子兴更加愿意与朱元璋亲近。朱元璋的可造之处在于，他的脚步并没有在此停滞不前，他还拥有更为高远的目标。长期身处义军的队伍之中，他有了一种更为深刻的认识，那就是自己身边的这支由庄稼汉组成的队伍，以及其他红巾军队伍的素质都不是很高，并没有太多让人敬服的人物。从他的内心来说，这与他所想象的那种正规军队有很大的出入，因此他看不起这些起义军。也许这影响了他日后带军领军的基本立足点和出发点。

朱元璋的这种认识并不是没有根据的。郭子兴在起义当初，考虑到以自己的鄙薄之力实在是难以与强大的元朝军队相抗衡，他就联系了当地的其他几个豪强一同举事。由于其他几个豪强的势力比郭子兴的势力还要大，因此，在指挥权力的问题上，郭子兴有时就难免要听从他人的指挥和安排。况且郭子兴本人在性格上有所缺陷，他为人傲慢，易猜忌，缺少器量，而且好记仇，因此与其他几位将领的关系处得并不是太好。所以，他正需要一个能与自己同心同德，而且又能为自己忠心做事的人。正在这个时候，郭子兴遇到了勇敢善战的朱元璋。无论从哪个方面来讲，朱元璋都是他得力助手的上上之选。

由于处境的孤单，在郭子兴心目中，偌大的起义军阵营中，只有朱元璋才是可以依靠的。不久，朱元璋便被郭子兴要求代替自己出兵作战。

战场上，朱元璋亲自上阵，带头深入敌后，与士兵一起坚持到战斗结束，取得了非常丰厚的战果。朱元璋为人仗义，他把所获得的战利品都分

郭子兴与朱元璋

给了部下，更加赢得了部下的忠心。士兵们也知道跟着朱元璋作战，不但能够打胜仗，而且还能够得到应得的报酬，因此，作战更加积极勇敢，朱元璋也因此兵力扩展很快。由于朱元璋是郭子兴一派的人，所以，连带着使得郭子兴的威望也后来居上，几乎要压倒其他一同起义的诸位将领。

郭子兴从朱元璋的一系列表现中，发现朱元璋不仅仅冲杀在前，享受在后，而且还深得士兵们的拥护和爱戴，觉得此人不寻

常，将来必有前途。郭子兴又想起了自己的义女马秀英，早已到了谈婚论嫁的年龄。

马秀英是郭子兴的至交马公的小女儿。马公是宿州闵子乡新丰里的富户，善结交，秉性耿直，后因杀人，带着小女儿投奔了郭子兴。郭子兴起兵时，马公回宿州策应，但不久故去，留下的小女儿马秀英由郭子兴收为义女抚养。马秀英聪明贤惠，端庄温柔，善解人意，且"知书精女红"。郭子兴想到要成就大业，身边就必须有一个像朱元璋这样的精明能干的帮手。于是他决定将义女嫁与朱元璋。在征求了朱元璋本人的意见后，由郭子兴张罗，择良日为25岁的朱元璋和马秀英举办婚礼。而马秀英就是日后助朱元璋一臂之力的马皇后。

一桩具有深远意义的婚姻大事就这样促成了。对于朱元璋来说，真可谓是天上掉馅饼，撞了个头彩！一个穷小子竟然娶了元帅的女儿为妻。真是福人，福相，福分大！

朱元璋与郭子兴的义女结为夫妇，从此有了靠山，更加受到官兵的拥戴，人们纷纷称他为朱公子。这就像给他打了一针强心剂，从此，朱元璋率军出击更加卖力，每每打得元军落荒而逃。朱元璋先后攻打五河，攻取定远，攻克南宿，继而是征讨大店、固镇等地，颇有战功。

▶ 收编力量

为了扩大起义军的力量，至正十三年（1353年）六月，朱元璋征得郭子兴的同意，到自己的家乡招兵买马。

到了故乡，朱元璋的任务进展得非常顺利，不时有人来投奔，其中最为著名的就是徐达。

徐达比朱元璋小三岁，身材高大，性格刚毅，与朱元璋配合十分默契，他为日后的朱元璋成就大业，做出了杰出的贡献。当年曾给朱元璋送信、拉他"下水"的汤和此时已经是义军中的一名军官了，但由于非常钦佩朱元璋，不久也投到他的门下。其他比较著名的还有周德兴、郭兴、郭英、张龙、张温、张兴、顾时、陈德、王志、唐胜宗、吴良、吴祯、费聚、唐铎、陆仲亨、郑遇春、曹震、张翼、丁德兴、孙兴祖、陈桓、孙恪、谢成、李新、何福、邵荣以及耿君用、耿炳文父子等人，这些人后来也成了朱元璋淮西战将集团中的中坚力量，并且绝大多数都被封为公侯，名留青史。

朱元璋在 10 天的时间募集到了 700 多人，圆满地完成了任务。正在为兵力不足而苦恼的郭子兴大喜，原本有些冷冷清清的军营，现在又可以浩浩荡荡地出战了。之后，郭子兴升朱元璋做了镇抚，并把这 700 多人让朱元璋统帅。这样，朱元璋终于算是有了自己的一支军队，虽然少，却是家乡子弟兵，忠心方面绝对不成问题。如邵荣，打起仗来英勇善战，和周德兴等人一直跟随朱元璋出生入死，冲锋陷阵。

濠州城里的气氛实在令人郁闷，统帅无大志，整日钩心斗角。朱元璋认为彭、赵、孙、郭等六七名头领死捆在一起，固守濠州一地，而又都浅视寡谋，长此以往，前途渺茫。因此，朱元璋决定从新募的 700 人中挑选出 24 名精兵强将，独树旗帜，另谋发展，开辟新的根据地，其余的人全交由郭子兴驻守濠州。

至正十四年（1354 年）开春，朱元璋征得郭子兴同意，决定南取定远。他先招募了一批人马，在进军途中获得了一连串的胜利。但是天有不测风云，在去定远的途中，朱元璋患了一场大病，只得中途返回，在濠州养了半个月，才略有好转。

有一天，朱元璋得知郭子兴有意纳降张家堡驴牌寨的三千兵马，却苦于找不到合适的人去劝降。朱元璋大病初愈便主动请缨，带了 10 个人前去招降。

朱元璋带领一行人马来到驴牌寨前。刚走到边界，忽然间，驴牌寨营中便排列出军阵。朱元璋身后的几个步卒见状十分恐慌，打算掉头逃跑，朱元璋一声喝令，说道："彼众我寡，你能跑到哪里去？你们不要怕，都随我前去，听我命令，见机行事。"几个人才镇静下来。

一番问话之后，驴牌寨的将领只允许朱元璋带一名侍从入寨。朱元璋并没有畏惧，他让其他人留下待命，自己带了费聚前往。

在大寨的正堂里，朱元璋见到了寨主，说："我家元帅与将军是旧交，听说将军粮草不济，别人想趁机暗算将军，特派我前来相告，希望将军能随我一同到濠州与我家元帅共举大事，不然就移兵他处，躲避一下。"这些话说得不卑不亢，开门见山地为驴牌寨的寨主分析了当时的情况，刚柔并济中带着威逼利诱。寨主请朱元璋留下信物，说收拾好行装，过几天即去归附，让朱元璋先回去复命。朱元璋留下费聚等三人，自己带了其他人回濠州去了。

谁知三天之后，费聚突然驰马来报，说驴牌寨主变卦了，准备把队伍带到别的地方。朱元璋当机立断，带上三百人马赶到驴牌寨，对寨主说："我家元帅听说你被别人欺侮，要去报仇，怕你人手不够，派我率三百人马助你一臂之力。报完此仇，我们再一同去濠州不迟。"寨主对他的话半信半疑。虽然把朱元璋的兵马留下来，但防范很严。

朱元璋见此计不成，又施一计。第二天早上，他让一个胆大的士兵向寨主报告说，寨中有两个兄弟与朱总管发生争斗，出了人命，请寨主去处理一下。寨主不知是计，被诓了出来。等寨主一到，朱元璋立即命士兵把他绑了起来，强行押离营地。走出十几里后，又派一个人回寨中传达寨主的"命令"，说寨主已在前面布置营地，让大家立即转移。3000名士兵信以为真，竟放了一把火烧掉了营寨，跟随而来。驴牌寨主见事已至此，木已成舟，想不投降都不行了，于是便归顺了朱元璋。郭子兴见朱元璋立了大功，把这三千人马划归他指挥。

凭借着手中的3000多人马，朱元璋又说服了另一个姓秦的把头，把他手下屯驻于豁鼻山的 800 名"义兵"收归到了自己名下。这样，朱元璋已经拥有了 4000 多人的队伍。

在尝到了招降的甜头之后，朱元璋进一步把战斗与招降紧密地结合起来，停中有打，打中有停，最终逼其就范。在打的时候，一半是为了消灭对方，一半是为了动摇对方。而一旦停止进攻，就进行心理攻势，使得对方打则溃不成军，停则不战而溃，最终投向自己的阵营中来。

朱元璋收编了这么多的军队，并没有沿用其他一些起义军将领们的办法去治理军队。因为一些起义军的将领军事素养不高，根本不懂得将兵领军之道，使得士兵的成分极其复杂，军纪不严不说，起义军将领还经常纵容士兵抢掠百姓财物，这还只是生活作风问题。关键是这些起义军行军打仗一旦遭受挫折，就会一哄而散。这是朱元璋嗤之以鼻的，因此朱元璋采用训练士兵的方法来约束起义军。

朱元璋从招降的士兵当中挑选出了 2 万精兵，加上自己原有的士兵，再加上地方小武装，接近 3 万之众，亲自训练。在训话的时候，朱元璋对这些士兵们说："你们以前与别人作战，并不是人数上不占优势，而是由于军纪不整，民心不在你们一方，军心不稳定，训练不系统，所以交战，必然会败下阵来。现在我严格训练你们，就是为了作战的时候能够万众一心，勇敢向前，像一个真正的男子汉。当兵打仗要有立功受赏之志，要有建功立业思想，所以要严训练，严守纪，知进止，奋力杀敌。在我这里当兵，赏罚是一定兑现的，拼力受赏，不进受罚，如有违抗命令，就要杀头。"

在朱元璋的精心训练下，这支部队卓见成效，在作战中，屡屡打败元朝的军队，而且军纪严明，很少有扰民之事。

朱元璋在募集及招降之外，还用了另外的一种方法，就是鼓励贫穷的劳苦大众参军。招收贫苦人参军，具有很强的针对性、特殊性。这主要是由于贫苦农民的要求不高，他们往往是为了糊

成长关键词 → 勇敢、机智、雄心

口才来参军的，所以只要能有一口饭吃，就不会有过多的要求。他们本身也是贫苦人家出身，对于同样穷苦的百姓也不会产生骚扰之心，因而与那些刁蛮、有贼盗之习的人相比，这种兵员是最好训练、最好管理的。同时，由于这些贫苦农民生活在元朝社会的最底层，受到了最不公平的待遇，因此他们与元政府的仇恨也是最深的，在与元朝军队作战的时候具有很强的战斗自觉性，不需要动员就会极其勇敢地去杀敌。尤其是在训练方面，相比起那些招降而来的"兵油子"而言，这部分出身贫苦的士兵格外卖力。如此一来，一支能吃苦、守纪律、善作战的部队很快就在朱元璋的队伍中出现了。

朱元璋的声势不断壮大，其他的一些地方小武装慑于朱元璋的声势，也纷纷引兵来投。这一时期来投奔的最为著名的地方武装头目有吴复、冯国用、冯国胜、丁德兴等人，这些人或能征善战，或长于出谋划策，成了朱元璋的左右手。

冯国用、冯国胜二兄弟的到来，对朱元璋来说具有另一种意义。长期以来，朱元璋一直缺少自己的亲信管理者，随着队伍的壮大，这种需要也越来越急迫。毕竟朱元璋一个人的精力是有限的，指挥众多下属会显得有些力不从心、难以周全。而冯氏二兄弟的加入，正好填补了这方面的空白。尤其是冯国用，最善谋略而且目光远大。他告诉朱元璋要想平定天下，首先要有道德品行，同时还要有强大的实力。道德操行可以得人心，强壮势大可以定四方。这样的见识是朱元璋未曾听说过的，让他第一次感到儒生的重要。于是，冯氏兄弟做了他身边的高参。

不久，泗州虹县人胡大海和邓愈也来投靠。胡大海身材修长，仪表堂堂，智勇双全，被朱元璋任命为先锋。

邓愈，原名邓友德。他父亲曾起兵反元，后来在作战中牺牲，他的哥哥代领其部，不久也病死了。于是邓愈被部众推为首领。当时他才16岁，可每次作战都冲杀在前，是位少年英雄。他是听了好友胡大海的话，才投靠朱元璋的。朱元璋见这位少年英姿勃发，又听了他的经历介绍，不觉大喜，立即任命他为管军总管，仍带领原班人马，随军征战。

此时的朱元璋已经从眼光、气度、谋略方面明显超越了其他的起义军将领。他清楚地认识到拥有自己队伍的重要性。在胜者为王的时代里，只保证自己不被别的武装所吞并是不够的。所以他不遗余力地加紧扩军，加强训练，使得自己的实力再度增强，从而进入一种良性循环状态。

经过多方筹备，朱元璋的部队在兵力、文官武将诸多方面已有完善的配备，具有了平定天下的基本力量。

▶ 濠州事变

郭子兴所在的濠州红巾军中存在着各种各样的矛盾。原有的孙、俞、鲁、潘四位将领本就与郭子兴不和，赵均用与彭大加入以后，形势更加复杂。

濠州红巾军中，论领导才能和政治作用，郭子兴最优秀，尤其是当初攻占濠州时，他起了主要的推动作用。郭子兴善计谋、懂军事、识大局。可是论实力和名次郭子兴却只居第五位，实力最强的要属孙德崖，而孙德崖等四人都是鲁莽粗直的庄稼汉，他们不识字，见识短浅，胸无大志，性格憨厚而缺少战略头脑，纵容部下敛财扰民，所以不堪大用。郭子兴为人刚直孤傲，不肯屈于他们，还不时奚落他们一番。如此便出现了隔阂，形成了尖锐的矛盾。

矛盾公开化之后，郭子兴的第一个反应就是回避。他经常不参加会议，由此被其他几个将领怀疑。朱元璋看到了这种情况，暗暗为郭子兴捏了一把汗。他私下里找到郭子兴，为他出谋划策，告诉他就目前的情况而言，任何一个人从起义军中分离出来，军队必然会被元朝的军队所击垮，所以这个时期切不可搞什么不必要的内耗。因此要放下架子，与孙德崖他们打成一片，才不会被元军或者是别人从中挑拨离间。

郭子兴认为朱元璋说得有理，还真就按照朱元璋所说的那样做了。可惜好景不长，郭子兴在一次会议中又与那四位将领争执起来，这回他们可是彻底闹翻了。由此，红巾军濠州部队内部的矛盾已经公开化，矛盾的一方是孤高耿直的郭子兴，另一方是性情憨直的孙、俞、鲁、潘四位元帅。郭子兴和他们闹翻后不再参加会议，使得双方互相猜疑和提防，生怕对方设下陷阱。

濠州城内的大本营矛盾四起，势同水火。这时，朱元璋受郭子兴派遣，在淮北怀远、安丰一带对元军作战。恰在此时，另外几个起义将领芝麻李、赵均用、彭大等响应刘福通起义，占据了徐州等地，拥兵十万，声势浩大，对元朝已形成了一种巨大的威胁。

至正十二年（1352 年）九月，元朝丞相脱脱统兵 10 万，兵临徐州城下。在此之前，元朝命淮南宣慰使贾鲁招募了当地盐丁及骁勇健儿 3 万人，穿黄衣、戴黄帽，号称黄军，包围了徐州城，作为攻打徐州城的先锋部队。脱脱采纳了宣政院建议的强攻之计，以巨石作炮，昼夜猛攻，一举攻入城内，并下令屠城。芝麻李奋战突围，转战湖北，投奔了徐寿辉，后随明玉珍转战四川，最后出家为僧，遁入空门，而另两位大将彭大和赵均用突围后率领其余部队投奔了濠州。他们的到来使濠州的矛盾火上浇油。孙德崖等人想联合赵均用、彭大来孤立、打击郭子兴，但赵、彭二人来到濠州后也发生了矛盾，结果是赵均用与孙、俞、鲁、潘气味相投，虑事有谋、专权自大的彭大与郭子兴成为好友。这样一来，濠州城内矛盾更加扩大。

两派势力的争斗进一步公开，终于导致了绑架郭子兴事件的发生。赵均用听了孙德崖挑拨，恼恨郭子兴只尊重彭大，轻视自己。这一天，赵均用见到了独自在大街上走路的郭子兴，突然萌生了绑架谋害之念，便派手下随从一拥而上捉拿了郭子兴，押到孙德崖的家宅，投进了地窖。郭子兴的部下一时无主，处于被动地位，竟无一人设法救主。

身在前线的朱元璋对濠州城内的矛盾深知根底，时刻关心着局势的变化。他在元帅府来人报告之后，立刻命令大军拨马回濠州营救郭子兴。回到城中，他先找到躲藏的郭子兴的儿子郭天叙和郭天爵等人了解有关情况。朱元璋分析后认为，郭子兴向来是看重彭大而轻视赵均用的，因而此事的根

濠州事变

子在赵均用身上，是赵均用受鄙薄所致。因此要救郭元帅，必须由彭大出面才能制服赵均用。

朱元璋的这一分析是正确的。接下来朱元璋便立即去见彭大，向他陈说事实，分析利害得失。彭大原本就赏识年轻有为的朱元璋，此时听他说得句句在理，又听说一帮人要害郭子兴，不由就燃起了一股怒气，当即叫人集合队伍，要去包围孙德崖家。朱元璋见状也立即回家换上盔甲戎装，亲自营救郭子兴。

由于救人心切，同时也是为了少生变故，未经交涉，朱元璋和彭大所部逾墙而进，爬上屋顶，揭开瓦椽，行动之中斩杀了孙德崖的祖父母。朱元璋找到囚禁郭子兴的地窖，见郭子兴头锁木枷，脚扣铁镣，浑身已皮开肉绽。

救出了郭子兴，但濠州红巾军的内部矛盾并没有解决，只是暂时制止了一场火并。但这场事变对于朱元璋来说却是颇有意义的，这使他在具有处理军务经验和指挥作战能力的基础上，又平添了处理突然事变的应变能力和政治斗争的经验。

1352年底，脱脱命令新提升为中书左丞的贾鲁领大军进围濠州。大敌当前，义军首领这才暂时捐弃前嫌，携手指挥将士坚守城池。从这年冬天一直到第二年春天，濠州城整整被围困了七个月之久。义军凭借着城高壕深、粮草充足，顽强坚守。久攻不下的元军，士气开始低落，将士的斗志亦感低沉，军心涣散。不久，贾鲁病死军中。主将一死，士兵们更是无心恋战，自动解围而去。

濠州事变后，其他几路首领对智勇双全的朱元璋，尤为忌惮，并对他屡下杀手。朱元璋一方面要服从命令，维护大局；另一方面还要自立门户，图存发展，时刻提防暗算。

至正十四年（1354年），朱元璋率24名骨干力量南略定远后不久，招兵买马，攻城夺寨，影响日大。朱元璋的崛起，引起了彭大、赵均用的忌妒和不安。为了除掉将来的竞争对手，彭、赵二人想出了一条计策。

一日，泗州差官来到朱元璋军营传达命令道："奉郭元帅之命，朱镇抚请移兵盱眙。"朱元璋十分吃惊地问："郭元帅一直在濠州，怎么突然到了泗州？"来使回答："这是彭、赵二将军的建议。"朱元璋又问："濠州何人把守？"来使答："孙公德崖留守濠州。"朱元璋便明白了一切，心想，彭大、赵均用二人窥视元帅位置已久，今见我略有所成，便挟持主帅到泗州，令我率军到盱眙，以便就近节制我部，待时机成熟将我与元帅一网打尽。我若依他，便是自投罗网。一想到此，朱元璋便对来使果断地说："请你回去禀报彭、赵将军，朱元璋只听郭元帅之命，不会听从二位将军之命。愿二将军好自为之，不可逞强害人。"彭、赵二人听了回报，知道计谋被识破，十分气愤，但也无可奈何。

对诸帅的鼠目寸光、胸无大志、死守濠州，不去开拓新局面，朱元璋既担心，又深感自己身单力薄，说不动他人。他决心依靠自己的努力，闯出一片新的天地。

名人名言·骄傲

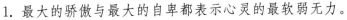

1. 最大的骄傲与最大的自卑都表示心灵的最软弱无力。

　　　　　　　　　　　　——［荷兰］斯宾诺莎

2. 绝不要陷于骄傲。因为一骄傲，你们就会在应该同意的场合固执起来；因为一骄傲，你们就会拒绝别人的忠告和友谊的帮助；因为一骄傲，你们就会丧失客观标准。

　　　　　　　　　　　　——［俄］巴甫洛夫

3. 蠢材妄自尊大，他自鸣得意的，正好是受人讥笑奚落的短处，而且往往把应该引为奇耻大辱的事，大吹大擂。

　　　　　　　　　　　　——［俄］克雷洛夫

4. 不管我们的成绩有多大，我们仍然应该清醒地估计敌人的力量，提高警惕，决不容许在自己的队伍中有骄傲自大、安然自得和疏忽大意的情绪。

　　　　　　　　　　　　——［苏联］斯大林

5. 啊！夸奖的话，出于自己口中，那是多么乏味！

　　　　　　　　　　　　——［法］孟德斯鸠

6. 我们各种习气中再没有一种像克服骄傲那么难的了。虽极力藏匿它，克服它，消灭它，但无论如何，它在不知不觉之间，仍旧显露。

　　　　　　　　　　　　——［美］富兰克林

7. 懒于思索，不愿意钻研和深入理解，自满或满足于微不足道的知识，都是智力贫乏的原因。这种贫乏通常用一个词来称呼，这就是"愚蠢"。

　　　　　　　　　　　　——［苏联］高尔基

成长关键词　勇敢、机智、雄心

◁ 第三章 ▷

Zhu Yuanzhang

霸业的开始

高筑墙，广积粮，缓称
王。

——〔明〕朱　升

▶ 争取人心

单枪匹马干不成大事，早在攻略滁州之前，朱元璋就意识到了这一点。尤其是随着势力的扩大，自己的身边必须得有一大拨儿人来佐助自己，为自己出谋划策，充当顾问和谋士。因此，朱元璋很早就非常注意选人用人的标准。关于选用人才的标准，朱元璋有着自己的价值评判和独特的看法。

元朝统治者憎恨而又戒惧天下的汉人汉官，对于科举制度，当局持有强烈的排斥态度。这使得汉族士子在以蒙古族为主的政权组织中没有立身的地方，当时民间有许多大儒，由于得不到元朝统治者的赏识，终生不得入仕或难以为元政府效劳而郁郁寡欢。因此相对来说，如果当时的红巾军将领都像朱元璋那样注重吸纳人才的话，是很容易得到响应的。

朱元璋在众多红巾军将领中是属于有眼光、有才识、有魄力的优秀领导者。他对儒生非常尊重，这其中很典型的例子就是自己的幕僚冯国用。

定远人冯国用是定远地方"结寨自存"的一支地主武装的头领，是朱元璋当上小首领后最早遇到的人才。朱元璋在进攻滁州的行军途中，冯国用和他的弟弟冯国胜兄弟二人一起投奔了朱元璋。

朱元璋没有因为自己的出身为农民，冯国用的出身为地主而排斥他。当朱元璋知道冯国用善于出谋划策后，就经常向冯国用问计，而冯国用也有感于朱元璋的平易近人，也愿意把自己的计策讲给朱元璋听。时间一长，朱元璋常常能从冯国用那里得到很

多启发，而这些启发对于朱元
璋来说实在是无价之宝。

冯国用在起义前期最为重
要的贡献就是给朱元璋提出了
进军集庆的策略，虽然当时由
于种种条件的限制，朱元璋并
未采用，可到最终还是为他所
采纳。可以说这个策略对于朱
元璋，乃至中国历史来说都是
极具决定意义的，它的实现奠

冯国用

定了朱元璋的江南政权，也奠定了明朝政权霸业的基础。

朱元璋明白，天下没有十全十美的人，因此要用人，就不能
把人的缺点放到第一位来考虑，否则会引起对人的怀疑。一旦生
出疑心，就会使为自己办事的人心有不安，不能尽心尽力地把事
办好，随之而来就会产生许多麻烦。

至正十五年（1355 年）朱元璋攻克太平，当地享有盛名的儒
士陶安、李习等人，率领一批有影响力的父老出来迎接朱元璋。

陶安，字主敬，太平富户，早年中乡试，后两次赴京参加会
试，不中，遂出任集庆明道书院山长，不久归太平故里。红巾军
起义爆发后，陶安闲居在家，亲身感受到这场农民战争是元朝歧
视汉人、南人的结果。出于他的阶级立场，陶安对农民起义完全
抱敌视的态度，同时对元廷还怀有一丝希望。那时的宰相是脱脱，
元廷为缓和民族矛盾，争取南方士人，下诏恢复忽必烈时的旧制，
在中央中书省、枢密院、御史台等重要部门选用一些有才学的南
人。这曾使陶安激动不已，但不久他发现元廷的这一举动只是粉
饰门面，对汉人，尤其对南人歧视、防范、排斥的心理根本没有
转变。随着脱脱因谗被贬，百万元军崩溃于高邮城下，陶安对元
廷最后的一丝希望也破灭了。

朱元璋所率领的红巾军的义举和军纪感动了陶安，于是他和

另一位名士李习一起率领城中父老迎接朱元璋。陶安由此判定朱元璋说："元帅龙姿凤质，非寻常人也，我辈总算有主了。"

没过几天，太平城已完全恢复正常，百姓依旧安居乐业。此时，抽出空来的朱元璋将陶安、李习召去讨论时局，向他们征询平定天下的意见。

陶安奉劝朱元璋治军不杀、不掳、不烧，严肃农民军的军纪，更要求朱元璋放弃农民起义的立场，以争取人心为己任，以图建立霸业。

朱元璋听了这些议论，很自然地想起了与冯国用见面时所听到的话。他见陶安与冯国用所说的一样，觉得深有同感。对朱元璋来说，采纳陶安的意见，就意味着把依靠力量的基本点从穷苦的农民起义军转移到南方士人，即汉族地主阶级知识分子身上。

朱元璋为了加强行政管理，改太平路为太平府，设置了太平兴国翼元帅府，自任大元帅。任命李习为知府。李习，字伯羽，太平人，已经八十多岁了，经历与陶安大致相仿。李习在太平城德高望重，这一任命对于太平城民众来说是个大喜事。像李习这样的人，只可能维护和加强地方上的封建统治秩序，而不会像农民起义那样去破坏这个秩序。

同时，朱元璋还任命陶安为幕府参事，汪广洋为帅府令史，潘庭坚为帅府教授。汪广洋，字朝宗，高邮人，是知名学者余阙的学生，当时正寓居太平。潘庭坚，字叔闻，太平人，家世业儒，本人曾做过私塾教师，又为富阳县学教谕。任用这些人，就如同树起了一面面鲜明的旗帜，表明了朱元璋愿意与汉族地主阶级合作的态度。结果，更多的汉族地主士大夫纷纷投靠到朱元璋的麾下。

太平城是朱元璋过江后攻下的第一个大城池，是他作为一方最高统帅占领的第一个重镇，也是朱元璋个人事业的一个新的转折点。

到太平城之时，原有的从淮西和江北跟随而来的知识分子中除李善长、冯国用、范常之外，还有濠州的郭景祥、李梦庚，定远的毛骐，滁州的杨元杲、阮弘道，全椒的侯元善、樊景昭，舒城的汪河以及王习古、范子权等，他们知识渊博不说，而且还各有所长。有的善于管理文案，有的善于出谋划策，有的能充当咨询的顾问，真可谓"有王佐之才者"。在他们的佐助下，朱元璋对必要的历史知识进行了一次恶补，他从古书中汲取了不少历史教训和成功经验。可以说这一时期的朱元璋明显深沉练达，逐渐成熟，与这些人的佐助大有关系。

　　朱元璋能够自觉地同读书人交往，这一方面是在积极主动地补充各种文化知识，结合军事政治斗争的实践，了解先辈们积累的各种经验；另一方面也是在缓和与各地士大夫的矛盾，消融他们的敌意，团结他们一同做事。旧时代的读书人往往是一个宗族或一个地域的核心人物。一名有影响的儒士，就是一方水土的一面旗帜，具有一种凝聚力、亲和力、号召力。用他们来管理当地百姓，的确是最合适的。

▶ 体恤民力

　　朱元璋祖祖辈辈均以农业劳动为生，所以，他在起义和统治中都非常重视体恤民力，以民为本，提倡节俭。

　　朱元璋是农民出身，当了皇帝后，为了告诫自己的子孙和大臣，曾经不厌其烦地回忆和追述许多往事，很发人深省。他说："吾昔微时，自谓终身田野间一农民尔。朕本布衣，昔在田里，赖承平之乐。朕本农家，乐生于有元之世。"

　　朱元璋的重农思想体现在他的重农政策中。为了调动农民的积极性，达到富民的目的，朱元璋支持农民把地主的土地财产夺来归己；对待元朝的官田，他也采取了"化公为私"的方针，即把这些官田分给农民耕种。这一系列的做法无不令人惊喜万分。还有，对于发生灾荒的地区实施随时赈济和减免田租的政策。

为了切实减轻农民的负担，朱元璋实行了军垦屯田制。

由于连年战乱，人民流离失所。在兵荒马乱的年代，很多人不肯踏踏实实耕作劳动，担心今天种的粮食，明天就会落到元军或军阀的手里，所以，人们在这种情况下都被逼迫得不思劳作，土地荒芜。

军粮问题一直困扰着各路红巾军，朱元璋也是如此。要从根本上解决军粮的供应问题，改善百姓的生活，就必须恢复和发展农业生产，甚至军队也要搞生产。他建立起军队自我补给机能，让军队打仗作战时拿刀，勇猛作战；闲时拿起锄头自力更生，艰苦奋斗，自己动手，丰衣足食。

朱元璋的措施是实行屯田制度，他规定，无论哪一级的部队，都要开荒种地，实行屯田。为了显示这项工作的重大意义，使军垦制度化、规范化，朱元璋真抓实干，设立专职机构，任命专职官员来加以管理，专门负责军队垦田事宜，以提升这项工作的政治意义。

至正十八年（1358年）二月，朱元璋任命康茂才为营田使。吴良、吴祯兄弟戍守江阴时，率领不满五千士兵，一边训练，一边屯田，"以给军饷"。至正十九年（1359年）王恺戍守衢州时，也令守军屯种废田5.7万亩，以供兵食。这些都与营田使的奔走运作有关。尝到甜头之后，朱元璋更坚定了抓军队垦田工作的决心。

对于有些屯田时土地不够用的部队，朱元璋又征用地主的荒田，允许士兵向地主索要荒地来耕种。他规定"民有田，力弗能艺者，听军士贷耕，而为输粮"，把地主的荒闲土地交给士兵屯种，由士兵向江南行省政权缴纳赋税。

与此相应的是至正十八年（1358年）建立的民兵制度，朱元璋要求自己占领区中的各地政权，要加紧训练民间丁壮，"农时则耕，闲则练习"。至正二十三年（1363年），他又将民兵制度进一步加以推广，使两淮江南诸郡的民间丁壮得以全部组织起来，"练则为兵，耕则为农"。

在解决了军队的补给问题之后，朱元璋又果断地废除了征粮于民的"寨粮"制度，这就更得到百姓的拥护。对于那些新归附的州、县、郡，他一般都下令免除当年赋税或者劳役。如果有灾年，也下令加以减免，体现了恤民、养民的仁怀。

这一治军之道真可谓是明智之举，极大地减轻了农民的负担，并且减少了无谓的财政开支，实为一种好办法。

朱元璋还从老百姓的立场出发，感受民生疾苦，体恤民力。

至正十七年（1357年），朱元璋亲征婺州时路经徽州，曾召见当地儒士唐仲实、姚琏二人询问民事得失。唐仲实反映当地守将邓愈役民筑城，百姓颇有怨气。朱元璋立即下令让邓愈停工。唐仲实说话间又婉转地反映"民虽得其所归而未遂生息"的情况，意即百姓负担过重，朱元璋当即坦率地承认他说得对，并做出解释，说："我积少而费多，取给于民，甚非得已，然皆为军需所用，未尝以一毫奉己"，"民之劳苦，恒思所以休息之，未尝忘也"。表达了自己的愧意。

在工商业税制方面，朱元璋则要求"斟酌元制，去其弊政"，切实减轻工商户主的负担。为了改变"贫者愈贫，富者愈富，纷纭吞噬，乱无宁日"的不平等现象，他还实行了"给民户由"的政策，支持农民剥夺地主的土地和财产。编造"户籍"，又置"户帖"，记载百姓民户的籍贯、人口、年龄和所从事的行业，相当于现在人们所用的户口簿，这种户帖即为"户由"。"户由"上载明民户的产业和丁粮数目，作为纳税当差的凭证。后来又逐步完善，记载民户包括土地在内的全部产业，具有在法律上承认民户的财产，包括土地的作用。由此可见，"给民户由"即是从法律上对民户的一种应得的权益的大力支持，从而承认了民户的财产，包括农民所占的地主土地财物和官田的所有权。

为了奖励农桑，朱元璋下令，凡农民有田 5 亩到 10 亩以上的，种植面积要按比例递增。在收税上政府规定，每亩麻收 8 两，棉花征收 4 两，桑树 4 年后起征税，不种桑的必须交绢 1 匹，不种麻和棉的交麻或棉布 1 匹。在宋元时代，棉花只能在南方的局部地区种植，到了明朝，则普及到全国各地。

为了让更多的农民安心种地，朱元璋积极推行"招抚流亡"政策，号召逃亡农户回乡垦荒，承认垦出的荒地归垦者所有，而且免征三年田赋；对于个别地区额外开垦的荒地规定永不收税。

为了达到富国强兵的目的，朱元璋还加强了对江南根据地的税收征管力度。对本辖区丰富的盐、茶等资源，他派人进行了细致入微的取证调查工作，不仅彻底搞清了盐、茶等物资的具体数目，并且还对这些物资的交易量和交易金额规定了相应的税率。依据史书的记载可知，当时的官吏每年取得的俸禄都是从这些盐税中抽出来的，可见当时的收入相当可观。

由于采取了上述措施，明初农业生产发展很快。到洪武二十六年（1393 年），全国垦田面积达 850 多万顷，比洪武初年增加了接近 4 倍。黄淮流域大片荒芜了的土地，重新种上了庄稼，元末残破的农村又重新呈现出一片繁荣的景象。

开源要抓，节流也要抓。穷苦人出身的朱元璋，可以说此时已经算得上是一名优秀的政治家和军事家了。在物质上，他已不缺什么了，但他深知那些钱财和粮食来之不易，因而在用度上特别注意节俭。

据说，"四菜一汤"就是明太祖朱元璋发明的。

一天，适逢马皇后的生日，朱元璋趁众大臣前来贺寿之机，有意摆出粗茶淡饭招待群臣。大臣列席后，只见从第一到第四道菜，分别是炒萝卜、炒韭菜、炒芹菜、炒青菜，最后上的是葱花豆腐汤。朱元璋看着大家诧异的表情，郑重其事地说："列位爱卿，这萝卜是百味药也，可治百病；这韭菜生命力旺盛，象征国家长治久安；这芹菜、青菜寓意为官要清廉、勤于政务、体恤民情；这葱花豆腐汤是奉劝列位，切勿徇私枉法，要一清二白。"宴后，朱元璋宣布，今后众卿请客，最多只能"四菜一汤"，谁若违犯，严惩不贷。

朱元璋称帝的前一年，在南京建宫室时，他把图纸上雕琢考究的部分都砍掉，完工后，叫人在壁上画了许多触目惊心的历史故事作为装饰，目的在于警戒自己。当时有个官员想讨好他，说某处出产一种很好看的石头，可以用来铺设宫殿的地板，被他狠狠地训了一顿。此外，他自己用的车舆、器具、服饰等，按惯例应用金饰的，他都下令以铜代替。主管的官员说这并不需费多少金子，朱元璋却说："朕富有四海，岂吝惜这点黄金？但是，所谓节约，非身先之，何以带动别人？而且奢侈的开始，都是由小到大的。"朱元璋不但自己节俭，要求别人也是如此。

有一天，一个宦官穿着新靴在雨中走路，被他骂了一顿。另一个散骑舍人穿着一件极华丽的新衣被他看到后，便问道："这衣服费了多少钱？"舍人说："五百贯。"朱元璋当即训斥说："五百贯是数口之家农夫一年的费用，而你却用它来做衣裳，骄奢如此，实在是太糟糕了。"告诫他今后不能这样奢华。

由于朱元璋的倡导，明初形成了节俭的社会风气，这对于社会的稳定和经济的发展起了极大的推动作用。

▶ 军纪严明

作为一个以建立专制政权为目的的政治家，朱元璋深深懂得对于一个封建专制政权来说，从它的建立到发展壮大是与一支纪律严明的军队密不可分的。由此朱元璋认识到"兴国之本，在于强兵足食",“起王兴伯,莫不由此",时时处处注重对军队的建设。

早在朱元璋投奔郭子兴之时,他就曾亲自回家招募青年农民入伍,而且注重收编归降的地方武装扩充自己的队伍;重视日常的军事训练,严明军纪,这是提高部队的战斗力的有力保证。当他的部队发展壮大之后,每天的事务颇多,他便把亲自训练部队改为交由将帅去训练,但他仍然常常亲自检查、检阅,当发现不足时,便亲自加以指导。至正二十五年(1365 年)正月出征淮东之前,朱元璋还曾亲自阅视部队,命令镇抚居明率领军士分队进行模拟演练,胜者赏给银两,负伤而不退却者也赏给数量不等的银两,并赐给医药治疗,还亲自设酒馔,犒劳全体将士,鼓舞士气。

朱元璋非常重视将自己的部队向正规化方向建设,始终常抓不懈,其中尤其重视军纪的整顿。朱元璋加入郭子兴的部队,受到初步的军事训练之后,看到左右诸将“统御无法",他对此非常看不惯,“心常鄙之"。后来当了带兵官,就身体力行开始注重纪律的整顿。

有一次,朱元璋带领一支归降的队伍出征,两名士卒违犯命令,他“即斩以徇",使“众皆股栗",不敢再违抗命令。在朱元璋进攻镇江之前,为了引起将士对纪律的重视,他和李善长、徐达一起搞了个苦肉计。临出师前两天,他召集将士,故意当众历数将官“纵士卒之过",宣布将按军法论处,再由李善长出面求情,让他们保证今后一定严格约束士卒,并领兵攻打镇江,立功赎罪。战前强调军纪的制度也就由此形成。后来每次攻城略地,朱元璋都要亲自训话,反复告谕将士:“惠爱加于民,法度行于军,只有这样的部队才有战斗力,只有这样才能取得人民的支持,也只有这样才能取得战争最后的胜利。"

为了严明军纪,朱元璋还十分注重奖罚制度的建立。一旦发现有严守法纪的典型,朱元璋便重点表扬,教育部队,通令嘉奖。

在亲征婺州时，朱元璋有一次夜出私行，恰巧遇见自己安置的夜间巡军。巡军办事认真，根据实行宵禁的命令，上前阻拦。随行先锋张焕告诉巡军的小头领，说这是位"军中高官"，要求放行。巡军毫不通融，坚定地拒绝说："我不认识这是哪位高官，只知道他是一名犯夜者！"朱元璋不仅没有发怒，反而奖赏给巡军二石米，从此他也遵守规定，不再夜出。

所谓"上梁不正下梁歪"，当兵的军纪有问题，责任一定是出在了当官的那里。因此朱元璋来个"擒贼先擒王"，对于那些违反纪律的将领，处罚往往非常严厉。对于跟随在自己身边的大将，朱元璋也不姑息迁就。当忠诚守纪的胡大海在绍兴前线打仗时，胡大海的儿子胡三舍和王勇等三人在集庆城粮荒时用粮酿酒，公然犯禁。朱元璋下令依法斩首，都事王恺见状出面求情说："胡大海此时正在率兵进攻绍兴，可因此饶他。"朱元璋不为所动，大怒道："宁可胡大海反我，也不可坏我号令！"于是当下下令，将胡三舍等三人斩首。

胡大海是朱元璋军中攻城略地屡建功勋的重臣，也是开国文臣宋濂、文武全才的刘基和叶深、章溢等众多多智多才者的举荐人，在军事上是朱元璋所倚重的人物，朱元璋能说出"宁可胡大海反我，也不可破坏军纪"的话，可见朱元璋军纪至上的态度。

除了建设正规的作战主力部队之外，朱元璋还特别重视民兵队伍的建设。至正十八年（1358 年）十一月，他正式下令建立管领兵民的万户府，这是一种兵民的专门管理机构，也是朱元璋全民皆兵思路的发端。民兵的出现可以说与军垦思想是一脉相承的，这些民兵有警则出，无事则农，战时进而攻敌，无战之时则维持地方治安，这样就从根本上解决了正规部队的兵源补充问题。

由于大业初创，处于各派政治力量和元朝挤压中，而且朱元璋的实力在相当长一段时期并不够强大，所以，为了加强对将官的控制，防止他们不服从指挥调遣甚至出现叛变投敌的行为，朱元璋把出征将官的妻子家室统统留在集庆。朱元璋这么做表面上说是为了其家人的安全，要加以保护，实质上却是留做人质，控制将士。早在渡江时，朱元璋便实行过这种做法。攻占集庆后，朱元璋又专门规定："与我取城子的总兵官，妻子俱要在京住坐，不许搬取出外。"为此他允许年轻将官在身边无妻、情感需要的情况下在外纳妾，"将官妻子留于京城居住，听于外处娶亲"，以稳定军心，但妻子则不可随军。为了防止生变，朱元璋还派出自己先后收养的二十多个义子作为监军，每攻占一个重要城镇，就派一个或两个义子和带兵的将官一起镇守，以便发挥监督作用。这些义子对义父朱元璋个个是忠心不贰，派他们与将官一同镇守，既可以把握政治方向，又可起到严肃军纪的作用。

朱元璋不但对于谋臣武将采取既信且疑的态度，在对待降卒的态度上，也是一样的。

至正十六年（1356 年）三月初一，朱元璋在太平会集水陆大军，第三次进攻集庆。在集庆城下，朱元璋在江宁镇大破了元军陈兆先的阵营，将领陈兆先被俘，其部下 3.6 万元军都投降了朱元璋。在怎样对待这些俘虏的问题上，朱元璋与众多部将产生了分歧。大多数的将领认为这些人只是形势所迫，并不是真心地为主公效力，久居日后必定会起兵造反，应当把这些人全部杀死或者遣散，以绝后患。而朱元璋认为这些人久经沙场，经验老到而且这又是首败，一定担心自己会受到迫害，如果操之过急，事情处理不当，就会引起这些人的哗变，到那时可就不好收拾了。与其放虎归山，还不如收为己用。主意一定，朱元璋就着手策划，终于想出了一个赢得信任又能保全自己的妙计。

朱元璋首先从这投降的三万多人中挑选出五百名精壮的战士，当作自己的警卫队，但这五百人觉得朱元璋这样做一定有什么不可告人的目的，所以一开始便非常害怕。为了打消这些人的恐惧思想，消除他们的疑虑，朱元璋就吩咐他们晚上为自己站岗放哨。到了晚上，朱元璋把原先的侍卫和亲信全部撤走，身边只留下冯国用一人，并让这五百人担任守卫，自己则脱下战甲，倒头就睡，不久即鼾声大作，丝毫不理这五百人对自己构成的危险，但他为什么有这么大的信心呢？

原来朱元璋一开始也并非对陈兆先的部队完全放心，他之所以以挑选精兵作亲兵的方式从对方各部中抽出五百人，而不全用某支部队来为自己站岗，原因就在于对方哗变的可能也并非没有，而被抽选出来的五百士卒彼此之间并不相识，难以在一夜之间形成必需的协调，所以朱元璋是完全可以睡个安稳觉的。

这些人看朱元璋如此信任他们，提到嗓子眼的心便放了下来，感动之余，纷纷表示愿意以死效力。第二天，这个消息不胫而走，三万多名降卒的疑惧情绪一扫而尽。

通过收揽人才、重农重民、严明军纪等方面的整治，朱元璋的红巾军从各方面都得到了加强和提高。朱元璋的队伍战斗力加强，后方民心稳定，为他攻打天下奠定了坚实的基础。

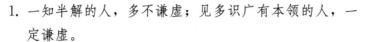

1. 一知半解的人，多不谦虚；见多识广有本领的人，一定谦虚。

——谢觉哉

2. 谦以待人，虚以接物。

——鲁　迅

3. 我们不要把眼睛生在头顶上，致使用自己的脚踏坏了我们想得之于天上的东西。

——冯雪峰

4. 我们不能一有成绩，就像皮球一样，别人拍不得，轻轻一拍，就跳得老高。成绩越大，越要谦虚谨慎。

——王进喜

5. 钻研然后知不足，虚心是从知不足而来的。虚伪的谦虚，仅能博得庸俗的掌声，而不能求得真正的进步。

——华罗庚

6. 谦让是身体的良心。

——［法］巴尔扎克

7. 谨慎比大胆要有力量得多。

——［法］雨　果

8. 当我们是大为谦卑的时候，便是我们最近于伟大的时候。

——［印度］泰戈尔

Zhu Yuanzhang

南征北战

只有把抱怨环境的心情，化为上进的力量，才是成功的保证。

——［法］罗曼·罗兰

▶ 十八策

在朱元璋势力不断扩大的同时，元朝日渐衰落。元朝的统治日益腐败，各级政府的粮食供应已经出现了严重危机。由于元朝的粮食供应主要来自江浙、河南、江西、湖广、陕西、辽宁等地，而这些地方也恰好是农民起义军活动比较频繁的地方，这就使元廷各地普遍出现了缺粮的现象，就连元朝大都也是如此。粮食的问题解决不好，导致元朝的军队虽然四处作战，到处镇压农民军的起义，也只是疲于奔命，屡扑不灭。尽管如此，朝内高官经常不上早朝，时常大兴土木，对朝政的管理更是睁一只眼，闭一只眼。元廷的统治已经摇摇欲坠了。

对于朱元璋来说，总的趋势还是有利的，但是这并不意味着从此他的反元道路就一帆风顺了。在占领了应天之后，他面对的困难并非都来自元廷政府，还有部分来自起义军的内部。从各个政权所控制的地图上来看，朱元璋的势力在南方，他的北边有小明王控制的宋政权，西边有徐寿辉领导的起义军，东面有张士诚率领的另一支大军，他们不管哪一支军队都要比朱元璋的势力强大得多。如果元军要攻打朱元璋的话，首先得过他们三道关，所以他们的存在也算是有利于朱元璋的，正好为朱元璋制造了一道天然的屏障。

张士诚和徐寿辉的两支队伍虽然都属于红巾军，但却与朱元璋的队伍有着本质的区别。原因在于张士诚和徐寿辉二人由于自身知识、文化的局限性，在抵御外敌、共同作战时能勇敢善战，互相支援，而一旦外敌的威胁不存在了，他们就是各守一方，甚至在内部利益上产生冲突，最终导致内讧。

在占领应天之后，朱元璋的势力虽说比以前有了很大的扩张与发展，但仍然不能与张士诚和徐寿辉这两方势力相提并论。张士诚的部队正在四处扩张，一度曾把地盘扩展到了与朱元璋接壤的地方；徐寿辉的军队也对朱元璋的地盘虎视眈眈，企图伺机吞并。况且在朱元璋的周围，还有很多类似的部队。那些被元朝政府收编的地主武装，那些小股的其他派系的起义军，他们随时都有取代朱元璋的危险。朱元璋虽然夺取了一些城池，所面临的形势仍是自己兵力不强、根据地地形狭长。如果当时的滁州、和州根据地被人从中路拦腰截断，就会导致首尾不继。在众敌环伺之下，随时都有被人瓜分的可能。

建立应天根据地后，朱元璋面对的压力一方面是来自元朝军队，这方面的压力因为有小明王、张士诚和徐寿辉的起义军屏障而稍弱；另一方面就是来自其他起义武装的压力，这个压力随着他的实力增强越来越明显。面对这个形势，朱元璋急需制定平定天下的大计。

正在这时，朱元璋找到了制定平天下国策的人才——刘基。在朱元璋夺取天下、定夺中原的过程中，得到了许多人的支持，其中最为著名的人才要算刘基，也就是民间广为传诵的刘伯温。

至正二十年（1360年），朱元璋已经攻下了处州等地，因早就听说过刘基的大名，很想与之一聚。

刘基，处州青田人，字伯温，现在流传于世有许多关于他的传说，而且这些故事都与朱元璋有着直接或者间接的联系。由于刘基点子多，智谋高，常被后人与诸葛亮、张良等相提并论。

刘基的年龄比朱元璋大了约17岁。刘基出身书香门第，很小的时候便显出非凡之处，看书速度快，而且记忆力极强，素有"神童"之称，17岁的时候，就已经在书院里攻读了。在那里，他对经史诗赋做了很多深入细致的研究，他独到的见解，众同窗甚至是老师都望尘莫及。同时他还对医卜星相做了很多探讨和论述。

但这只是他爱好的一小部分而已，要说他最喜欢的还应该是有关兵法的书籍。

同大多数的儒生一样，早年的刘基也是常常在想怎样才能出人头地，光宗耀祖，混出点模样来。因此青年时期的他打算到元政府中去谋一份差使，使自己所学的知识有用武之地。但是元政府的重蒙轻汉的政策决定了刘基不可能得到重用，再加上当时的元政府已经腐败透顶，他根本无用武之地。

刘伯温

成长关键词

勇敢、机智、雄心

当时元朝有"杀尽大姓汉人就可以保天下平安"的说法。在这种鬼怪思想诱使之下，元政府不可能让汉族的儒生有所发展。刘基在考中进士后，等了三年才被授予县丞。在当上县丞之后，刘基被任命到江西高安县去上任。谁知上任之后，刘基发现当地的地主豪强势力甚大，在惩罚了几个当地的恶霸之后，他的上司知县大人受这些人的压力影响，迫使刘基不要管这些地主豪强们的事。刘基一气之下，索性辞掉官职，开始游览天下，到处寻访名师，增长学识去了。就在此时，刘基得到了邓祥甫的调教，进步很快。由于在仕途上不顺利，几年之后的他回到青田老家，继续苦读。

日月如梭，光阴荏苒，几年后的刘基已经声名大噪，与那个毛头小子早已不可同日而语。就在他的名声越来越大的时候，元政府又一次注意到了他，并在至正十年（1350 年）任命他为江浙行省儒学副提举兼乡试的主考。可是事与愿违，由于最看不惯官场中营私舞弊的行为，志趣不投，刘基又一次选择了辞职。

至正十二年（1352 年），红巾起义军徐寿辉部东下江浙一带，攻陷杭州等地，处州、青田势危力薄，元政府浙江行省再次起用刘基，授他以元帅府都事一职。刘基认为自己这一次终于可以出人头地，放开手脚，大干一场了。于是他踌躇满志，与元浙东宣慰副使共驻台州。

面对义军的大军压境，刘基主张坚决反对元政府对方国珍等人的招抚政策，主张极力打击。但谁知方国珍为人狡猾，他派人贿通了元朝政府的各级官员，使自己免受元朝的剿杀，还得到升赏。在接下来与方国珍的斗争的几个回合中，刘基照样不是方国珍这类小人的对手。后来，刘基被元顺帝以"伤朝廷好生之仁，擅作威福"之罪罢官。接下来虽然几经起用，但刘基所立的几次功劳均被朝廷的上层官员独吞，为人耿直的刘基不肯用金银买路而一再受贬，最终他对元朝的统治者失去了信心，辞官归隐处州青田。

朱元璋对刘基早有耳闻，凭借着自己独特的政治敏感，他下定决心，要把刘基这等能人挖掘过来。早在青田及处州被攻破之时，胡大海就遵照着朱元璋的指示，把辞官归隐的刘基等人的具体情况调查清了，并向朱元璋报告了详细的情况。朱元璋在得到消息之后，立即派樊观为特使携带贵重礼品前往处州力邀刘基，而这边的部将胡大海早已等不及朱元璋的答复，便私自派处州总制孙炎亲自去青田请刘基出山了。

身在家乡青田县武阳村的刘基，此时正陷于矛盾之中。他刚刚辞谢了元朝的说客，义军的使节又来了。他现在所苦恼的不是该选择哪一家、哪一支部队或政权，他所痛苦的是，自己曾是元朝政府的命官，现在只是辞官隐退，在家休息而已，如果在这个时候出山，就无异于背叛了元廷。由于受儒家思想的影响，在刘基的眼里，对当朝皇帝不忠实在是不可饶恕的罪过。忠臣理应效忠故主，这是儒家的根本思想之一，刘基怎么能做出这等不仁不义之举呢？但是还有另外一个念头在刘基的脑子里盘旋了很久，那就是如何实现自己年轻时的理想抱负。

在封建社会里，男子汉大丈夫成家立业，是天下人最为看重的了。尤其是儒家学说中的良才遇明主之说，刘基认为只有这样才是正确的。可是他虽被元朝政府任用过一段时间，但因时时受气，终不得大用，反而还因为打了胜仗遭到陷害而罢官。朱元璋的遣使来请使刘基面对着两难选择，一方面是前途无限的农民起义军，另一方面则是昏庸无能的故主，究竟倒向哪一面呢？究竟该选择谁呢？刘基想了很长时间也没有决定下来，在他没有想好问题之前，他是不会轻易给人答复的，于是他只好一次又一次地回绝了由胡大海派出的处州总制孙炎。

孙炎仍旧一遍又一遍地来请，一遍又一遍地为刘基讲解分析当时的形势利弊，开通这个忠直儒生的落伍思想与陈旧观念。刘基并不是一个迂腐到为一个没落的政权尽忠的人，他对当时的情况了如指掌，知道元朝的统治已经接近尾声。而朱元璋的身边聚集着一群忠心耿耿的武士、有才有德的儒士，天下名士荟萃于一朝，大势已经非常清楚。所以当孙炎再次来劝请的时候，刘基索性行扫地出迎之礼，二人做了一番长谈。这时，朱元璋派来的使者樊观也找到了青田武阳村，一再转达朱元璋的诚意，刘基终于决定跟随朱元璋闯荡天下。

当朱元璋问刘基怎么看待此时自己已打下的江山，并且询问如何平定天下时，刘基就向朱元璋呈上了"时务十八策"，并把天下时局向朱元璋做了详细的分析，并且指出了解决的方法。

刘基对朱元璋说："主公，您现在的优势已很明显，您虽然是一介平民出身，从一无所有到取得如此大的胜利，做事英明果断，且从不滥杀无辜，这是主上的优势所在。可是当前您的面前却有两个主要的敌人，一个是张士诚，一个是陈友谅。陈友谅在西边，包围着饶、信二州，占据着荆、襄之地，等于占了大半个江南，他挟君主以号令天下人，他的部下也都是些不怕死的亡命之徒，所以人们都以为是陈友谅的势力最为强大，也最有可能取得天下。但是他却有着致命的缺点，由于接连几次的战役都被元军打败，军队和百姓都深感不堪重负。他的军队，军风军纪不整，对百姓烧杀抢掠，必然会使百姓离心背德，如此一来，民心不得，军心不整，军事能取得胜利才怪呢！而身处东边的张士诚，他所占的都是一些沿海的地方，狭长而不足守，战事顺利、兵力尚强的时候还能与元朝作对，战事不利、势力低下的时候则投靠元朝，因而这个两面派早就失去了民心。所以从这两个方面分析，我们应该首先消灭陈友谅，且密切关注张士诚的举动，把他作为一个长期斗争的目标，才更为合适。"

刘基为朱元璋分析了天下时局，指出朱元璋面临的两个劲敌。刘基不仅精辟地指出陈友谅、张士诚的优点，同时还指出了他们的缺点和弱势所在，指出了制服二敌的方法，为朱元璋的决策做出了具体而明确的指导。

▶ 吴王陈友谅

至正二十年（1360 年）的春天，朱元璋的势力范围已经包括浙东的大部分地区。江南的根据地按照朱升"高筑墙，广积粮，缓称王"的建议苦心经营，已经具有一定的经济实力，兵强马壮，粮草充足。进攻陈友谅的时机成熟了。

采纳了刘基的建议后，朱元璋准备进攻陈友谅。正如刘基所分析的那样，此时的陈友谅由于已经具有一定实力，正想趁机东扩进攻朱元璋。争霸之战已经是不可避免的了。

陈友谅是从徐寿辉的红巾军中开始起家的。

陈友谅是沔阳人，出身渔家，长得体貌丰伟，力大无比，有一身好武艺。年幼时粗通文墨，还曾做过县衙门的贴书，后来因与上司不和，屡次遭到责罚。他一气之下，回乡与弟陈友仁、陈友贵聚众起义，而后在元军追击下率众投奔了红巾起义军首领徐寿辉。徐寿辉见他作战勇猛，屡立战功，任命他为元帅。

至正十六年（1356 年）正月，徐寿辉的部下倪文俊在汉阳修建宫室，迎徐寿辉入居，建立天完政权，自己为丞相。到了次年九月，倪文俊转而计划谋害徐寿辉，妄图篡夺天完大权。不料，倪文俊想取代徐寿辉自立的计划被人告发，倪文俊无奈之下出奔黄州。

吴王陈友谅

黄州是倪文俊的部下陈友谅的防区。陈友谅也是野心勃勃，并不甘心久居人下，因此趁此良机，设伏兵杀了倪文俊。倪文俊所带领的队伍看到主帅已死，大势已去，只好向陈友谅俯首称臣。从此，陈友谅自恃兵多将广，自称宣慰使。不久又称平章政事，掌握了天完政权的实权，并大力向东南方向拓展势力。这就是陈友谅的发家经过，他的队伍逐渐发展成为南方各支起义军中拓地最广、实力最强的一支武装力量。

至正十八年（1358 年）春天，陈友谅率领大队人马从汉阳一带顺流而下，开始进攻安庆。安庆与池州隔江相对，溯江而上可至汉阳，顺江而下可达应天。当时的安庆还是元廷在长江中游地区的最后一个据点，由元淮南行省左丞余阙把守。余阙曾是元统元年（1333 年）的科举进士，不仅学问渊博，而且精通兵事，是个难得的才子。他已经镇守安庆数十年，一直处于被围攻的状态。面对这次陈友谅大军压境，他也并没有慌张，只是率部拼死抵抗。由于战斗双方力量对比悬殊，最后安庆城池失守。城破之后，余阙继续抵抗，带领部下展开巷战，后来还是因为寡不敌众，负伤自刎而死。他的妻子和一儿一女也都投井自尽。在余阙的带动下，城中一千多名兵民感动之极，自焚而死。陈友谅也对余阙肃然起敬，对其加以厚葬，并题词道："余元帅为天下第一人。"

没过不久，陈友谅率军进攻朱元璋的战略要地太平城。守城将军黑脸花云和朱元璋养子朱文逊率领三千士卒奋起抵抗，在刀枪剑影之中激战了 3 天，太平城依然是岿然不动。第四天，陈友谅方面军趁着江水上涨，将战船停泊在太平城的西南侧的城墙上，陈军士卒从船尾攀上城墙，跃入城中。经过一番激战，主将朱文逊战死，黑脸花云被俘后，被乱箭射死，死时年仅 39 岁。黑脸花云刚满 3 岁的幼儿被侍婢孙氏辗转带出，交与了朱元璋。

朱元璋听说这是黑脸将军花云的后代，发誓一定要替他养大孩子。朱元璋给小孩赐名炜，交给马氏细心照料。后来花炜长大以后，也成了一个威武的将军，还被朱元璋任命为水军指挥佥事。

陈友谅攻占了太平之后，他把徐寿辉也挟持到了这里。得意忘形之下，他认为应天城也是指日可待，萌生了杀害徐寿辉的想法，想取而代之为江都王。他挟徐寿辉东下，绕过池州，夺占采石矶。刚到采石矶，陈友谅就派人杀了徐寿辉。紧接着，陈友谅迫不及待地于五通庙就帝位，当上了皇帝，改国号为大汉，年号大义。

自称汉王后，陈友谅派人约张士诚从东面攻打应天，自己则从西面进攻，试图一举消灭朱元璋。

至正十八年（1358 年）四月，陈友谅派遣部将赵普胜从安庆路江边的枞阳东进，攻打池州。池州守将赵忠兵败被擒，池州失守。赵普胜在池州和安庆之间的枞阳建立水寨，派重兵把守，防止朱元璋的偷袭。大将徐达见从正面进攻不利，便绕过水寨，攻占了安庆附近的潜山。这时，徐达奉命回守池州，命部将俞通海指挥攻打安庆。俞通海遭到赵普胜的顽强抵抗，久攻不克。朱元璋认为赵普胜纯属有勇无谋之人，而其主陈友谅挟主胁众，彼此之间更是心怀疑虑，他想使用离间计将其灭掉。

赵普胜府中有许多门客，他们善于出谋划策，帮了赵普胜不少忙，赵普胜也很器重他们。恰好朱元璋手下有人与其中一位门客相识多年，朱元璋便让这个人与赵府中的那位门客交往，暗中

第四章 南征北战

挑拨门客们和赵普胜的关系。朱元璋还叫人给那位门客写信，并故意误送到赵普胜那里。这一招果然奏效。赵普胜对门客们产生了怀疑。而那位门客因怕赵普胜对其下毒手，深感不安之余，索性投奔了朱元璋。朱元璋见这位门客投奔到自己的门下，非常高兴。朱元璋高兴之余又生一计，他重重地奖赏了那位门客，并且派他去陈友谅处，告诉陈友谅说赵普胜准备造反投奔朱元璋。

朱元璋的离间计果然奏效，陈友谅见赵普胜参加起义的时间早，战功显赫，威信也高，早就对赵普胜存有戒心，时时刻刻提防着他。现在听了这位门客的一席话，更加怀疑赵普胜的行动目的了。他立刻派人到安庆去打听虚实。由于赵普胜不知事情的真相，对陈友谅派来的人大摆自己的功劳，给陈友谅造成了一种假相，真的以为赵普胜对他不满，要投奔朱元璋，终于相信了门客的话，并决心将赵普胜一举铲除。

陈友谅带上士兵，乘舟至安庆。到达安庆后，陈友谅在战船上摆下了酒宴，把赵普胜骗到船上加以杀害。至此，陈友谅身边少了一员猛将。朱元璋趁此良机大举进攻，但是由于安庆城池太坚固了，实在是易守难攻，朱元璋几次攻击，均未能得手，感叹之余，只好暂时作罢。

至正二十年（1360 年），陈友谅的军队再度南下进军池州。幸亏朱元璋对此早有准备，他对守将徐达和常遇春授计说，陈友谅狂妄自大，早晚还会犯我池州，你们应在城中留五千人防守，另派遣一万人埋伏在城外的九华山。如果陈友谅来兵侵犯，城里就以摇旗鸣鼓为号，令伏兵从敌人的背后杀出。这样出其不意，必能制胜。徐达、常遇春依计行事。

陈友谅的军队来势汹汹，渡过长江之后直奔池州。不料朱元璋早有埋伏，将其阻于池州城下。陈友谅刚想撤退，后面又遭到九华山中伏兵的袭击，前后受敌，一万余人战死，另有三千多人被俘。

至正二十年（1360 年）闰五月初五，陈友谅又派人约张士诚

一起进兵应天，企图直击朱元璋要害，一举消灭朱元璋的势力。

陈友谅大举东下，攻克太平、采石二城的消息，给了朱元璋空前的震动，连朱元璋幕府中的智囊人物也始料不及。就当时的敌我实力对比来看，朱元璋并无任何优势可言。陈友谅当时已占有了江西等众多地区，地盘要比朱元璋大上许多，兵力也超过朱元璋的部队，尤其是陈友谅的水师，其数量已是朱元璋的七倍以上。这让朱元璋一方颇有些畏敌。

刘基对朱元璋说："陈友谅绑架君主，自称其帝，名不正言不顺，而言不顺则事不成。这次他率兵前来攻我，别看他貌似强大，其实匆匆而来，上下离心，人心不合。常言道'后举者胜'，所以说陈友谅气势汹汹来攻打我们其实并不可怕，我们要避其锋芒，以逸者而等待疲惫之师，还有什么不能攻克的呢？要我说还不如把府库所存储的金银钱财全都拿出来犒赏守城的将士们呢，跟他们开诚布公地讲明利害得失，让将士们明白应该听从号令，团结一心。在战术上我们可以设计诱敌，声东击西，出其不意，攻其不备，使陈军左右难防，悻悻而归。如果可以的话，我们还能一举歼灭陈友谅，这不正是建立自己的威望和王业的大好时机吗？"

刘基这番话让朱元璋茅塞顿开，终于找回了自信。朱元璋决心实行战略转移，改取固守东南、向东北和西线出击的方针，并根据东西两线的不同情况，决定先集中力量打击陈友谅，然后再对付东南方向的张士诚。战略方向已经确立，但是该如何打赢这场战争呢？朱元璋又想起了刘基的话，诱敌深入、设伏聚歼、声东击西、出其不意……这些计策始终萦绕在朱元璋的脑子里。朱元璋充分发挥了自己的聪明才智，准备先来个请君入瓮，再来个瓮中捉鳖的作战方案，在应天与陈友谅展开决战。

在确定战略方针和作战方案之后，朱元璋不仅不再担心陈友谅来进攻应天，反而担心他不来进攻。陈友谅此时已将几十万舟师陈列于太平城外，百余艘巨舰和无数条战船正威风凛凛，傲视群雄，试图随时将朱元璋的军队吞并。真是万事俱备，只欠东风了，而这"东风"指的正是张士诚方面的鼎力支援。

朱元璋这时担心战争旷日持久。如果陈友谅真的得到了张士诚的援兵，两兵相合，腹背受敌，到那时不用说取胜了，就是保命都难了。正基于此，朱元璋希望陈友谅在不与张士诚联手的情况下单独采取行动，单方面进攻应天，利用陈友谅骄傲轻敌、求胜心切的心理，诱其从速进兵应天，以便尽早将其一举歼灭。

朱元璋把陈友谅的老友、元朝的降将康茂才叫来，让他主动接近陈友谅，假装投奔陈友谅，然后将其带入伏击圈，分兵三路，以削其强，以制其势。

康茂才按照朱元璋的嘱咐，亲手给陈友谅写了一封诈降信，然后又派了手下一个曾经侍候过陈友谅的忠实可靠的老门房去见陈友谅。这个老门房当夜就划着小船偷偷来到太平军陈友谅的驻地，将康茂才的亲笔信交给陈友谅。

陈友谅读了信，了解到应天城内已是一片恐惧气氛时，不禁喜上眉梢，笑逐颜开。陈友谅设酒食招呼了老门房，临别约定五月初十出发，与康茂才在江东桥会合，并以呼"老康"为暗号，然后转而攻应天。

老门房回到应天后，向朱元璋汇报那边的情况，朱元璋大为高兴。兴奋之余，他抓紧部署，命令谋士李善长连夜把江东的木桥拆掉，另建一座铁石桥以利作战之用。这时刚好有个富民从陈友谅军中逃回应天，说陈友谅曾打听过新河口的道路。朱元璋遂又命赵德胜带人横跨新河修建虎口城，派兵驻守。朱元璋根据应天周围的独特的地理位置，令常遇春、冯国胜等率领帐前五翼军3万人马，于城东北江南岸的石灰山侧设伏；派徐达等率兵屯驻于南门外雨花台一带；令张德胜、朱虎率舟师出城西北的龙江关外；派杨王景驻兵城西南的大胜港；自己则率主力屯驻于城北卢龙山，并在山左偃伏黄旗，山右偃伏红旗，规定敌人进入埋伏圈时，以举红旗为号；举起黄旗时，伏兵立即出击。在此之前，朱元璋还派胡大海自行州率兵西捣信州，威胁陈友谅的侧后，进行牵制。

这一部署可谓相当严谨，现在就等着陈友谅上钩了。

至正二十年（1360 年）闰五月初十，陈友谅不等张士诚方面作出答复，就贸然率领舟师浩浩荡荡东下，直奔应天而来，企图内外接应，侥幸取胜。他的大队人马来到新河口的大胜港时，受到了朱元璋留在这里的部将杨王景猛烈地阻击，由于这新河水道狭窄，只能容纳两艘战船并排行驶，陈友谅大队的水师无法展开，看着河对岸又出现了一座新城，陈友谅只好下令撤出，沿大江进逼江东桥。当到达目的地时，天色已晚，他派人上前一看，见明明是一座铁石桥并非木桥，大为吃惊。他接着又连呼暗号"老康"，半天不见回应，方知上当受骗了，忙和弟弟陈友仁掉转船头，率领一千多艘战船折往龙湾方向，并命令一万士卒率先登陆立寨安营。

此时陈友谅所在的位置，正处于北有常遇春、冯国胜的伏兵和张德胜舟师，南有徐达雨花台守军，而他所面对的卢龙山正是由朱元璋本人把守。朱元璋此时已把陈友谅的一举一动尽收眼底，他压住性子，等待时机。

不久一阵微风刮过，忽然响起沉闷的雷声，顷刻间下起瓢泼大雨。这时，只听朱元璋一声号令，卢龙山右侧的黄色信号旗高高举起，埋伏在卢龙山的士兵蜂拥而出，借着雨水的掩护，出其不意地直抵陈友谅的安营扎寨之地。正当两军展开战斗之时，天气也已雨过天晴，此时正是大举进攻的良机，此时朱元璋下令擂响战鼓，冯国胜、常遇春带领伏兵杀向了龙湾，徐达也带兵从南门外赶到，会同张德胜、朱虎的舟师，内外夹击。正在避雨的陈友谅军队，猛然间见冲出大批伏兵，全都震惊了。朱元璋的几路伏兵奋力冲杀，把立足未稳的陈友谅打得晕头转向。

陈友谅部在此战役中被动异常，几乎全无还手之力，大部分士卒登舟竞相逃命。时值退潮，高大战船全部搁浅，士卒、将士乱作一团，互相践踏，被杀和落水者不计其数，一时之间，陈友谅的"铁蹄"已经灰飞烟灭，被俘者达两万余人。陈友谅见自己的部将张志雄、梁铉、俞国兴、刘世衍等纷纷投降，自己的巨型指挥舰也被缴获，便和剩下的几个亲信换乘小舟，向江州方向逃窜而去。

在这场战役之中，朱元璋的军队缴获百余艘巨舰和几百艘战船。朱元璋的士兵们从巨舰的卧席下搜出了康茂才的诈降信，朱元璋看到这封信，得意地对身旁的将士们说："陈友谅愚昧至此，简直太可笑了。"龙湾之战后，朱元璋乘胜收复了太平。

经过应天城龙湾一战，朱元璋不仅歼敌于应天城外，而且使自己的部队声威大振、响彻四海，对张士诚也起到了敲山震虎的作用。原来，张士诚曾答应了陈友谅一起攻击朱元璋，但张士诚为人谨慎，没有陈友谅那么狂妄自大，而且他认为应天易守难攻，地势险要，贸然进兵应天，简直是凶多吉少，所以嘴上答应了陈友谅，私下里却是静守观变、按兵不动。当看见陈友谅在应天龙湾大败时，暗自庆幸自己未曾上当。

应天保卫战不仅打出了朱元璋的豪气，也打出了朱家军的威风。但朱元璋并没有被胜利的喜悦冲昏头脑，而是按照刘基、朱升、李善长等一班智囊人物的谋划，按部就班，积极备战，防备陈友谅的反扑报复。

陈友谅虽然经龙湾之战惨败，但是他并不服输。又于至正二十一年（1361 年）五月至次年二月间，三次在江州和湖广再举战事，但事与愿违，三次战事接连惨遭失败。陈友谅更加气急败坏，企图夺回已失去的故地。而此时的朱元璋，挥师西进，乘胜追击，一举夺取了整个江西地区及湖北的东南部。朱元璋实力强，兵强马壮；陈友谅势力日渐削弱，他已经没有什么实力可言了，就更别提与朱元璋一决高下了。

朱元璋收复江西之后，陈友谅的旧部看到陈友谅大势已去，于是纷纷前来投靠朱元璋。其中最有代表的要属陈友谅的江西行省丞相胡廷瑞了。

胡廷瑞是陈友谅的旧部，跟随陈友谅作战多年，可是看到眼下的形势，他早已改变了看法。他和平章祝宗等人到江州，向坐镇督战的朱元璋请降，但是他的投降有一个条件，那就是要求保留原有的部下。在刘基的提醒下，朱元璋答应了胡廷瑞的要求。

胡廷瑞为了向朱元璋表示了投诚的决心，于至正二十二年（1362 年）正月，先派自己的外甥赴江州投降，而后又和祝宗等于龙兴新城门外迎接朱元璋。朱元璋也是明理之人，感动之余，看望了胡廷瑞的母亲，又命胡廷瑞留任原职。

至正二十一年（1361 年），34 岁的朱元璋攻克陈友谅的老巢江州，之后又分兵攻取了南康、东流、黄州、广济、建昌、蕲州、饶州等地。小明王封朱元璋为吴国公。朱元璋本人也把自己的枢密院改为大都督府。

至正二十二年（1362 年）却成了朱元璋的坎坷之年、多事之年。先是降人蒋英复叛，胡大海遇害，紧接着便是邵荣谋害自己，事泄被杀。

经历了一系列内乱的风风雨雨之后，朱元璋迎来了新的一年——至正二十三年（1363 年）。这一年，朱元璋做了两件可以称得上是威震天下的大事：第一件是援救安丰，支援小明王，而另一件便是在鄱阳湖与陈友谅展开生死大决战。

至正二十三年（1363 年），北方起义军骤起事端。张士诚派部将吕珍带领十万大军帮助元廷开始进攻安丰，张士信领兵殿后。善者不来，来者不善，大军压境，来势汹汹。刘福通几万人马被困于安丰这座孤城之内，准备作殊死搏斗。安丰城池实在太小，粮食本来就已紧缺，经过这几十天的围困，城中粮食早已断绝。刘福通先是把自己心爱的战马杀死，吃其肉，喝其血。马吃完了，士兵们又不得不杀死那些老弱妇孺充饥，更有甚者把已经埋在地下腐烂的尸体也挖出来吃，最终导致浑身浮肿。军中还有人把井底的淤泥捏成丸子，然后用人油炸了往肚子里填。小明王韩林儿在宫中也是整日哭泣，刘福通在万般危急之中，不得不派人去应天向朱元璋求救。

朱元璋担心张士诚攻破安丰之后，更加如虎添翼，从北面威胁到自己的根据地，而且考虑到君臣名分，决定亲自前去赴援。这时，刘基家中有丧事，未在朱元璋身边，可是一听到北方的消息，他立即提前赶到了应天，辅佐朱元璋。

刘基认为张士诚胸无大志，只是求割地自守，暂时不会对朱元璋有什么威胁。眼下的劲敌是陈友谅，陈友谅时时刻刻都在寻找机会，企图沿江东下，建造自己的江南霸业。如果现在出兵救援安丰，陈友谅很可能趁此时机乘虚而入。所以，刘基建议还是应该先集中精力对付陈友谅，在消灭了陈友谅之后，再收拾张士诚，就如同囊中取物，况且把小明王救出后也不好安置。

朱元璋知道刘基的意思是对小明王坐视不救，借张士诚之手除掉这个名分上还统辖应天政权的皇上。但是，朱元璋不能这样做，也许是出于"缓称王"的目的，也许是他不相信陈友谅在经历过了一系列的失败之后，还会迅速调集自己的力量，所以朱元璋主张要像快刀斩乱麻一样击败张士诚围攻安丰的部队，然后再调转矛头，回过头来对付陈友谅。

至正二十三年（1363年）三月初一，朱元璋亲自率领徐达、常遇春两员最得力的大将和主力部队向安丰方向进军。

朱元璋的军队到达安丰之时，正值吕珍将安丰之城攻破，红巾军将领刘福通战死之时，朱元璋的军队进城之后，与张士诚的军队展开了激战，把小明王救出了安丰城。途经滁州时，朱元璋建造宫殿，将小明王安置在那里，供养起来。同时又把小明王的左右侍臣全都换成自己的心腹，以便监视。这样，小明王完全被控制起来了。

果然不出刘基所料，陈友谅听说朱元璋兵出安丰，支援小明王，便以为时机已到。陈友谅在自己控制的各个地区，强拉壮丁，拼力凑齐了六十万人马。他还在湖广行省征集了大量的农夫、市民，作为预备兵，企图一举拿下朱元璋，以报当初兵败蒙辱之仇。而且，陈友谅这次造的战舰比龙湾时的还要巨大威猛，舰高数丈，长几十丈，战舰的外侧涂上红漆，上下三层，每层都设有马棚，可以跑马，而且隔层很厚，住上下层的人听不到彼此说话。

在经过了3个月的草草训练之后，陈友谅就急不可耐地倾巢出动。六十万大军，旌旗猎猎，浩浩荡荡，向南昌方向全速驶来。为了彰显志在必得的信心，陈友谅甚至把百官们的家属一起用船载来，以表示自己必胜的决心。

然而，陈友谅却在决策上犯了一个重大错误。他没有直接进攻朱元璋安身立命的大本营应天，而是扑向洪都。朱元璋的洪都守军不足一万人马，朱文正自己率两千人，居中节制，进行全面指挥调配。洪都城的西南面城墙，濒临赣江，过去陈友谅曾经攻占过这座城池，他是趁江水上涨之际，从船上直接架梯攀附城墙，一千人马迅速攻入城中的。自陈友谅手下大将胡廷瑞归附朱元璋后，朱元璋鉴于上次攻城的教训，责令将士拆毁西南部的旧城，然后在离江岸后退三十步修筑新墙。这次陈友谅来犯，还以为环境同上次一样，还想用高大的战舰直接攻入城中，可谁知来到眼前一看，船只根本靠不到城墙，他无奈之下只得弃舟，率兵登岸围攻洪都。

跟朱文正所预料的一样，战斗最激烈的地方正是在抚州门。陈友谅这回亲自督兵猛攻，士兵们手执大盾，冒着城上飞下来的矢石，勇往直前，一个劲儿地往上冲。不一会儿，就听到一声巨响，原来城墙被攻城士兵炸开了一个三十余丈的大口子。攻城的士兵蜂拥而上，就在陈友谅攻城就要得逞之时，邓愈率领部将改用火炮还击。一时间，枪林弹雨，火光乱窜，攻城士卒慌乱之中，躲闪不及，一个个被打得头破血流。陈友谅见势不妙，命令退兵，邓愈见此时机，立即派人竖起木栅，以便挡住那三十余丈的缺口。木栅还没有完全竖起来，陈友谅又反攻过来，双方开始展开肉搏之战。守将邓愈奋力拼杀，杀死数敌，这时朱文正也带着一行人马赶来增援。朱文正率军战斗不停，筑城不止，就这样循环往复，用了整整一夜的时间，终于堵住了那个大豁口。而在战场的另一侧——新城门，守城大将薛显率领敢死队主动开门出击，斩杀了陈友谅汉政权的平章刘震昭。

战斗一直持续到六月中旬，陈友谅开始从长计议，改变攻击策略，专攻水关，想破栅而入。朱文正派壮士用长槊从棚内向外刺杀。陈友谅士兵纷纷从木栅外面抓住长槊，双方就这样紧抓不放，争抢不休。这时，朱文正急中生智，他又命士兵用铁钩穿透木栅刺杀对方，结果陈友谅士兵的手被刺烂，痛哭惨叫，纷纷落荒而逃。

气急败坏的陈友谅改为攻取宫步、士步二门，守城部将赵德胜坐镇宫步门楼指挥防守，在激烈的战斗中不幸被流矢射中腰部，箭头深入身体六七寸深。赵德胜愤怒地拔出箭头，大声说："自我从军以来，多次被矢石所伤，可是，可是……"这时他看着从腰腹间流出的血，脸上的表情显得痛苦万分，"大丈夫死不足惧，只恨我主还没有扫清中原这些……"话未说完，便气绝身亡。元帅牛海龙等人也都先后战死。

洪都此时已经被陈友谅的军队层层包围，与外部断绝了联系。此时的朱文正已渐渐感到战斗局面难以扭转，于是他派遣张子明趁着夜色乘小船偷偷摸出敌营，向身在应天的朱元璋告急。可是远水解不了近渴，他又派了一个绰号为"舍命王"的人，用诈降方式约见陈友谅，以便为朱元璋援军的到来拖延时间。陈友谅竟然相信了这个"舍命王"的话，放松了对洪都的进攻。

强攻不如智取，可惜陈友谅并不懂智取。陈友谅仗着人多势众，浩浩荡荡的六十万人马开始强攻洪都，但是他并不在意洪都城墙的坚固，地形的限制，投入的兵力十分有限。尽管取得了一些战绩，但是他又中了朱文正的诈降之计。如此一来，时间竟达三个月之久。当然，这对朱元璋是大为有利的，为他的回师救援争取了时间。

陈友谅终于等到了约定的时间，他兴高采烈地准备进城之时，才发现城内已经筑造了新的工事，准备继续进行抵抗。陈友谅气急败坏地命人把那个"舍命王"拉到城下杀了，游街示众，显示其军队的威猛。可是这样一来，反而激起了守城将士的士气，纷纷以死抗争。

诈降为洪都守军赢得了宝贵的时间，张子明日夜兼程赶到了应天，向朱元璋汇报了守城方面的情况。朱元璋当即让张子明先回去，告诉朱文正等再坚守几天，他会马上亲自带兵解围。

洪都被围的同时，徐达、常遇春二人正在攻打庐州，但庐州城池坚固，一时无法攻克。朱元璋认为不能因为庐州而失去洪都，就急忙命他俩撤围回师。七月初六，朱元璋援救洪都的军队与徐达、常遇春的军队在龙江会师，共二十万人马，杀向洪都。

当张子明返回洪都时，不巧在湖口被陈友谅的士兵抓获。士兵们把张子明带到陈友谅的面前，陈友谅见他是条汉子，便想留用，就对张子明说："你若是能诱降朱文正，本人非但不治你的罪，而且还可以保你富贵。"张子明机灵过人，他先假装答应陈友谅的反间计，可是到了洪都城下，他突然对着守城士兵们大喊："我已见过主公，援军就要赶到，你们一定坚守住，坚守……"话还未说完，陈友谅便立即从后面将他刺死。

朱文正和将士们听到张子明在城下的喊话，更加坚定了守城的决心，准备迎接陈友谅的挑战。

陈友谅听说朱元璋亲自率军来援，便停止了对洪都的进攻，只留少数兵马围城。自己率领舟师主力开进鄱阳湖，摆开决战的架势，迎战朱元璋。不久，陈友谅和朱元璋两军相遇于鄱阳湖。在鄱阳湖的康郎山下展开了决定生死存亡的大战，这就是历史上有名的"鄱阳湖大战"。

战斗序幕刚刚拉开时，朱元璋先派指挥戴德率领一支军队驻江北径江口，另派一支军队紧靠湖口的南湖口嘴，像两个门神一样，守住了鄱阳湖到长江的必经出口，封堵住陈友谅的回归路，把他围在了鄱阳湖里面。

至正二十三年（1363 年）七月二十日，两军在鄱阳湖南部的康郎山（今江西鄱阳湖内康山）相遇。由于兵力悬殊，在第一天的战斗中，朱元璋打了败仗，损失虽然算不上惨重，但是军中的气势已明显被陈友谅一方压住了。

第二天，徐达率部下冲到陈友谅的战舰阵营中，杀敌一千五百多人，可喜的是还缴获了一艘名为"撞倒山"的巨舰，使得军中士气大振。俞通海也乘机发炮，击毁陈友谅的二十余艘战船。战斗从早上一直进行到夜幕降临的时候，双方才各自收兵。朱元璋部将陈兆先等人阵亡，陈友谅那边，张定边身中百矢，血染盔甲。当晚，朱元璋担心张士诚会与陈友谅联合起来趁机进攻应天，于是命令徐达立即回守。

二十二日，战斗进行到了第三天。朱元璋继续亲自督战，这回他把水师较为集中地分为左中右三队，向前进攻。朱元璋的战船以小击大，损失惨重，左翼军此时已不得不开始向后退却，朱元璋气急之下下令斩杀了十名水军队长，但仍然不见形势好转。这样下去非自取灭亡不可，他为此焦急万分。

这时，部将郭兴及时提醒朱元璋用火攻，这令他茅塞顿开。朱元璋吩咐部将常遇春调来七艘渔船，船上装满芦苇，然后又放上火药，在舱外遮上棚架，进行伪装。他利用傍晚时分，湖面上刮起的微风，趁着夜色，慢慢靠近陈友谅的巨舰。几名士兵一齐点燃草船，大火刹那间吞噬了草船。风急火烈，陈友谅的战舰一齐跟着草船燃烧起来。由于陈友谅的巨舟互相连接，谁也无法摆脱这熊熊的烈火，而火势则乘着东风迅速蔓延开来，一时浓烟蔽天，鄱阳湖内一片火海，朱元璋的几艘草船此时已将陈友谅的水寨和寨中的几百艘战船烧了个火焰冲天。

朱元璋趁机挥师进攻，陈友谅的弟弟，号称"五王"的陈友仁，也死在了乱军之中。他的另一个弟弟陈友贵以及江西行省平章陈普略也被烧死。陈友谅不仅失去战船数百艘，而且损失士卒数万人。经此一役，陈友谅心中气愤更是难平，越想越气。

二十三日，双方继续交战。这回朱元璋的水师已经占据了主

动，他率领的水师冲入敌军，来去自如，他所乘坐的白色指挥船实在太醒目了，陈友谅派遣他的多路水师想将其灭掉。朱元璋几次陷入了困境，最后还是侥幸逃脱了。晚上，朱元璋下令把所有船只的桅杆和船身都涂成白色。第二天，双方再交战时，陈友谅已经无法辨认出哪艘战舰是朱元璋的指挥舰了。陈友谅的船舰是红色的，而朱元璋的战船一律是白色的。双方交战在一起，红白相间，令人眼花缭乱，在湖面上密密麻麻混作一团。一会儿数条白船追击一条红船，一会儿又是多条红船围追堵截一条白船。

　　情急之下，陈友谅军开始发动炮击。炮弹所落之处，无不击起层层巨浪，波涛竖起，响声更是震耳欲聋，令人心惊胆战。这时，一颗炮弹正朝着朱元璋所在的战船飞来，侍立在他身旁的刘基，大呼："主公，快闪开！"朱元璋还没有反应过来，便听见一声巨响。陈友谅从远处望去，以为朱元璋必死无疑了，于是开怀大笑起来，说道："朱元璋啊，朱元璋，想不到你也有今天。"

　　正在陈友谅高兴之际，朱元璋又突然出现在了另一条战船上。原来，在刘基感到有些不对劲的同时，他就已经把朱元璋推到了湖里，以免遭到陈友谅炮火的袭击。幸亏朱元璋躲闪得及时，否则真就被那颗火炮巨石给击伤了。此时，朱元璋命令全体战舰，加强火力，猛烈攻打陈友谅的战舰。陈友谅有些招架不住了，命令士兵们快快护驾，赶紧撤离。第五天的战斗就这样结束了。

　　在几场艰苦的战斗之后，双方依然处于胶着状态，陈友谅的战况越是失败，他就越是要打，即使是弄个鱼死网破，也要跟朱元璋一拼到底，朱元璋此时只能奉陪到底了。但此时，朱元璋对自己最终能否赢得这场大战突然感到没有把握了。

　　面对这种情况，谋士朱升献计说："主公不必为此而着急上火，虽然我们的实力比不上敌方，军粮带得也不多，但是您不要忘记，陈友谅他也是倾巢出动啊，以全部的力量出征，他所携带的粮草肯定也不是很多，只要我们在这里把他们拖住，等到他们弹尽粮绝之时，不愁反攻不成。"

朱元璋说："嗯，朱先生言之有理，可是我们所带的粮草，毕竟也不是太多啊，我们拿什么去跟他们耗呢？"

朱升说："主公，我听说湖北岸附近有四个大户人家，家中粮食甚多，我们可以到他们那里去，征些粮食过来。这样，一可以解决我们的粮草供应问题，二又可以避免陈友谅得到。如此一来，即使我们不能一时速胜，也能求得稳扎稳打，不必操之过急了。"

朱元璋觉得朱升所献的确实是一条很好的计策，不禁连连称赞。接着他便派邓愈去湖北岸的那四户人家征集粮草，果然得到许多粮草衣食。粮食的问题一得到有效的解决，朱元璋就从被动转而变成了主动。

经过短暂的休整，朱元璋派人前去挑战，但陈友谅拒不应战。水军大将俞通海对朱元璋说，当地湖水较浅，一旦落潮，战船很容易搁浅，所以建议主公移舟北上，那里水深地广，才是进行决战的好地方。谋士刘基也趁机向朱元璋建议道："我军应驻扎在湖口地区才较为妥当。"朱元璋担心白天撤退会遭到不必要的袭击，所以命令军队夜间撤离。晴空皓月，朱元璋的战船各自悬挂着一盏灯，前后尾随，一字排开，开始向湖外地区转移。天明时分，朱元璋的大军已经安全停泊在左蠡地区了。

陈友谅也不是呆子、傻子，他也同样不想让自己的军队触礁搁浅，遭到朱元璋的袭击。所以第二天晚上，他也效仿朱元璋的样子将自己的舟师撤出这危险的浅滩，在第三天的清晨，他已停泊在清风地区，与朱元璋的战舰隔水相对。

两军隔水相望，谁都按兵不动。第四天，陈友谅营中已经有些军心不稳，将士们不知是守船还是登陆，起了争执。就在陈友谅犹豫不决之时，外面的水师却与朱元璋军交起战来。面对朱元璋的突然袭击，陈军在交战中又吃了败仗，这使得陈友谅心灰胆寒，这才决定采纳右金吾将军弃船登陆的意见。他做此决定不太情愿，还流露出对左金吾将军的埋怨。左金吾将军看在眼里，记在心上，因为他深知陈友谅性情乖忤，生怕他兴师问罪，所以当

晚就趁着夜色，率领部将投奔了朱元璋。本来就信心不足的右金吾将军，见大势已去，更是无心抵抗，干脆也带领本部人马投靠了朱元璋。

此时的陈友谅才知什么是雪上加霜了，心灰意冷的他面对自己大将的纷纷离去，也无心再战了。就在这时，朱元璋派人送去了一封劝降信。信中的话如同针芒刺进了陈友谅的心脏，他发狂似的撕碎了朱元璋的信。一气之下，陈友谅传令把军中所有朱元璋军队的战俘全部推出去斩首示众。为了耀武扬威，陈友谅还扣住朱元璋的使臣不放，并且加强巡逻，以防不策。

围困半个月后，陈友谅军中出现了缺粮断草现象。无望之时，他派五百艘船去都昌抢粮，当抢粮船返回时，朱文正派部将陈方亮将其截获烧毁。

八月二十六日，陈友谅万般无奈，只得冒死突围。他率领一百余艘舟舰向南边湖口驶去，想从那里进入长江，退回武昌，但却受到朱元璋水师的猛烈阻击。由于双方主帅亲自督战，两军的船舰纷纷一字排开，同时展开了生死大决斗。激战一直从上午打到了下午，交战双方谁都不服谁，谁都想把对方牢牢地控制在自己的手心里。

陈友谅派兵西去，不巧在泾江口又遇到朱军伏兵的袭击。这回陈友谅是打算把这条老命豁出去了，他命令乱箭齐发。混战中，朱元璋这边的大将郭英看准时机，一箭直穿陈友谅的眼睛，他痛苦地大吼一声，当场毙命。主帅陈友谅一死，手下将士们全无斗志，各自逃命，而太子陈善儿、平章姚天祥等被生擒，五万多人均缴械投降。太尉张定边趁着夜色，划着一条小船，载上陈友谅的尸首和其子陈理，突出了包围，逃回武昌去了。

经过四个多月的激战，朱元璋的部队终于取得了鄱阳湖大战的胜利。这是朱元璋戎马生涯中进行的最为艰苦的一次战斗。通过这次战役，朱元璋消灭了陈友谅这个劲敌。

陈友谅的部下张定边等人逃回武昌后，立陈友谅之子陈理为帝，改元德寿。至正二十三年（1363 年）九月十六日，朱元璋命令徐达留守应天，自己则亲率常遇春、康茂才、廖永忠、胡廷瑞等人，统军亲征陈理，将武昌城团团围住。

至正二十四年（1364 年），走投无路的陈理最终还是出城投降了。至此，湖南、湖北、江西等地区完全成了朱元璋的天下。不久，广东韶关以北地区也归附了朱元璋政权。

打败陈友谅回到应天后，朱元璋觉得如释重负，文武群臣纷纷上表劝他称帝。但朱元璋清醒地认识到，东边的张士诚还没有消灭掉，此时正在虎视眈眈注视着他的一举一动；北方的大元王朝仍未被推翻，势力依然很强，同样不可小视，放眼天下依然是群雄逐鹿的局面。此时称帝，只会给自己招来更多的不必要的麻烦。

经过深思熟虑之后，朱元璋对大臣们说道："不宜称'帝'，那我就暂且称'王'吧。应天曾是历史上孙权吴国的国都，我想干脆大家称我为吴王好了。"

至正二十四年（1364 年）正月，朱元璋在应天由吴国公改称吴王。而张士诚在至正二十三年（1363 年）九月自封吴王。这时，两个吴王并存，于是民间便以张士诚为东吴的东吴王，以朱元璋为西吴的西吴王。

经过激烈的生死较量，朱元璋打败了陈友谅的武装力量，消灭了争夺天下的一个劲敌。随着疆土的扩大和机构的健全，朱元璋的实力更加巩固，他把目光投向了更广阔的北方，准备实现他的最终梦想——推翻元朝的统治，统一中原。

▶ 北伐中原

自至正二十年（1360 年）以来，朱元璋在与陈友谅、张士诚作战的过程中并非一帆风顺，危险时时刻刻伴随着他。他的身边充满了不可预见的危险，有时连自己也不能把握战局变化。更要紧的是，还发生了一件对于自己很不利的事。

在以小明王为首的宋政权中，刘福通把反元的斗争形势想得过于乐观，导致在战斗中犯下了一系列错误。

首先，刘福通没有随着起义的发展进而提出更为有效打击元军的计划；其次，刘福通也没有提出任何明确的口号。这样一来，使得刚刚见到点黎明曙光的穷苦百姓对小明王政权的热情大减。刘福通在行军打仗上的确有一手，但是他对于内政、行政上的管理可以说是一窍不通。虽然由他率领的队伍攻占了很多城池，但是往往形成失而复得、得而复失的拉锯战。这很不利于根据地的形成与发展，生产更是没有保证，百姓的生活总是处在一种恐惧之中，没有一点儿稳定感。刘福通在没有巩固自己的根据地的情况下，就盲目地策动了三路大军进行北伐。由于这次大举北伐根本没有严密的计划，三路大军各自为战，没有做好相互的协调工作，因此至正十九年（1359 年）北伐的东路军失败。随着元军大破宋都城汴梁，刘福通不得不护送小明王退守安丰。反元战斗也就在此时进入了不利的局面，元军大将察罕帖木儿调集各路大军挥师北上，转而对付山东等地的红巾起义军。

由于山东战场上的红巾军高级将领被元军采用种种卑劣的手段先后诱降，起义军内部出现自相残杀的局面，而元军则坐享渔翁之利。红巾起义军再也没有以前那种磅礴之势了，红巾军的中路军和西路军也在长期的流动作战中，因缺乏粮草的供给和足够的兵源补充，最终被元军打得大败。

元军将领察罕帖木儿及他的养子扩廓帖木儿所率的元军在消灭了几个方面的红巾军主力之后，又马不停蹄地开始加紧对付山东的红巾军了。至正二十一年（1361 年）山东方面起义军在元军的轮番攻打之下，最终还是失败了。在山东大部分地区沦陷后，最后一个据点益都也被元军围困起来。刘福通亲自率领大军前往解围，可是元军人多势众，他的大军也被元军击败了。转眼到了第二年十月，益都城被破，守城的红巾军高级将领统统被杀，山东全境已被元军占领。

至此，红巾起义军大势已去，面对这种形势，朱元璋深感不妙。在占领应天的这几年时间里，他之所以能够比较顺利地得以发展，就是因为有刘福通等人牵制了大部分元军的精力，使元军无暇顾及朱元璋这支在当时还很弱小的起义部队。现在山东全境被元军占领了，朱元璋以前所依赖的屏障轰然倒塌，这令他心急如焚。

朱元璋在坚持与陈友谅、张士诚作战的同时，还得提防着不与元军部队正面交锋。为了能使自己腾出时间，全力攻打陈友谅和张士诚，朱元璋用了一个缓兵之计来对付元军，这就是"议和"，即与元政府在一定时期内建立一种和平共处的方针政策。

经过察罕帖木儿的提议，元政府注意到了朱元璋所发出的议和信号，于是想招降朱元璋以稳定江南的局势。不久，元顺帝派户部尚书张昶、郎中马合谋与奏差张链带着御酒、八宝顶帽，任命朱元璋为荣禄大夫、江西等处行中书省平章政事的诏书，从大都出发，航海到了方国珍处，准备经此地去应天招降朱元璋。

元廷通过方国珍与朱元璋打交道，是方国珍积极活动的结果。方国珍一度答应朱元璋的招降，但后来又降了元朝，每年往大都运送张士诚提供的粮食，并为元朝招降朱元璋牵线搭桥，想左右逢源，两面讨好。为此元廷先后提升他为淮南行省左丞相、江浙行省左丞相。但朱元璋并不买他的账，故意置之不理。方国珍两次派人来到朱元璋的应天府递交诏书和礼品，都石沉大海，杳无音信。张昶等人在方国珍处整整住了一年，也没有等到朱元璋的回音。于是他们打算另找出路，告别方国珍之后，他们又转往他处继续与朱元璋商讨招安的有关事宜。

直到至正二十二年（1362 年）六月，元军大将察罕帖木儿被进攻山东时所获的红巾军降将田丰、王士诚所杀，朱元璋的形势有了好转。他与身边的将士们经过讨论，分析出元朝内部的形势已经趋于紧张，元军的威胁已经随之减缓，不可能在近期内发动大规模的进攻，于是朱元璋态度也开始慢慢地强硬起来。

至正二十二年（1362年）十二月，张昶一行人马带着元顺帝封朱元璋为江西行省平章的诏书来到了应天。他们刚到应天城，就吃了朱元璋的一个"下马威"，被朱元璋派出的士兵扒去了元朝的官服。最后，推搡之下他们被带到朱元璋的面前，朱元璋吩咐士兵给他们穿上官服，张昶等人并不为此感恩言谢。朱元璋大怒，斥责道："元廷不明眼下时势的变化，都到了这时候了，他们还敢派尔等来煽动蛊惑我的军民！"张昶等低头沉默不语，而马合谋却骂不绝口。朱元璋下令把他们统统捆绑起来，等着晚上枭首示众。

张昶已经在元朝为官多年了，熟知各种法典规章制度。傍晚时分，朱元璋吃过晚饭后，私下里来到了关押张昶的牢房，他问张昶："你快要死了，还有什么要说的没有？"张昶乃大丈夫也，誓不低头地说："我为元廷卖命，尽心尽力，无怨无悔，无话可说。"

"可你想过没有，元朝政府昏庸无道，欺压百姓，鱼肉人民，为这样的政府效忠，有什么正义可言，你这不是等于帮着那些贪官污吏协同作乱吗？"

张昶对朱元璋的一席话语仍有抵触情绪："他们是他们，我是我，我张昶做事光明磊落，从不做害人害己之事，你要杀要剐，就赶紧来吧。"

朱元璋站起来，摇了摇头，转身就了。可是刚走到牢房的门口，突然又转过身来，他向张昶问道："听说你对元朝的法典制度很是熟悉，不知是真是假？"

"是又怎样？不是又怎样？"张昶仍是一副大义凛然的样子。

"我想向张君请教几个法典上的问题……"

朱元璋向张昶问了十多条法律条文以及朝廷里的事，张昶对答如流。

晚上，士兵们把张昶与马合谋、张链等人一起押到聚宝门外斩首，然后又把三颗血淋淋的头颅拿到福建边界悬首示众，以表明不受元廷招降的决心。

几天后的一个下午，朱元璋唤来谋士刘基、宋濂，笑着对他俩说："元朝给我送来一个大贤人啊，今后可以与你们共同一起为我议事了。"两人正在发愣之时，只见张昶从屋中走了出来，他们对张昶没有被处死感到疑惑不解。原来，朱元璋爱他是个人才，不忍杀他，准备留用，在晚上行刑时，偷偷地用一个死囚给他当了替身。后来，朱元璋还任命张昶为行中书省都事，掌管行政。

察罕帖木儿被田丰、王士诚刺死后，察罕帖木儿的义子扩廓帖木儿掌握了兵权。扩廓帖木儿派尹焕章出使应天，赠送马匹，并放回被察罕帖木儿扣留的朱元璋使臣，企图换回朱元璋对元廷的信任。朱元璋遣都事江河送回尹焕章，并给扩廓帖木儿带去了亲笔信，声称他过去两次派人与其父察罕帖木儿通好，并没有请降元朝的意思，只是想与其父互为友好。

为了保存和壮大自己的实力，朱元璋对元朝提出了"议和"的策略。虽然他借此拖住元军，赢得了打败陈、张两派势力的时间，却也因此引发了部分大将的反叛。可以说，朱元璋在对元政策上做了一次两难的痛苦抉择。

由于朱元璋当初提出的"议和"之举违背了反元的初衷，部分反元将领因此而反对朱元璋。在几起反对朱元璋的叛乱中，以苗军降将最多，他们大多对元廷有着刻骨铭心的仇恨，在得知朱元璋的这种行径之后，义愤填膺，于是纷纷起来反对朱元璋，其中朱元璋手下的一代精忠名将胡大海就在叛乱中被谋害而丧命了。大将邵荣因谋害朱元璋事泄，也被杀害了。赵继祖、宋国兴的反叛对朱元璋更是一次沉重的打击。

朱元璋对元朝的策略是随着元朝的势力变化而变化的。元军镇压刘福通之后，朱元璋采取了议和的态度。但是，接下来元廷内部争权，势力渐弱，朱元璋也就逐渐强硬起来。

红巾军的大火在全国各地熊熊燃烧，元廷刚刚扑灭了这边的野火，那边又着起来。经过各地红巾军的轮番进攻，元王朝已经是元气大伤，奄奄一息了。刚刚剿灭了刘福通起义军，元廷内部又出现了新的内讧。彼此之间互相倾轧让本已病入膏肓的元廷更是雪上加霜。

在镇压红巾军的过程中，元廷形成了几个新派别的军阀。他们的实力都很强，分别是孛罗帖木儿、李思齐和张良弼。他们各自拥军自立，不拿皇上的政令当回事。他们之间还为抢夺地盘和势力摩擦不断。

朝外战事不断，朝内更是鸡飞狗跳。元顺帝与其皇后完者忽都，还有皇太子爱猷识里达腊之间的矛盾也已开始激化。

至正二十三年（1363年），右丞相搠思监与皇后密谋，企图让皇太子爱猷识里达腊提前继位。御史大夫老的沙带领一些朝官一起弹劾了搠思监。爱猷识里达腊怀恨在心，进行了报复，他用计免掉了老的沙的官职，准备将其置于死地。老的沙连夜逃到孛罗帖木儿处，向他求援。孛罗帖木儿把他收留了下来。

元廷立即下令解除孛罗帖木儿的兵权，并派扩廓帖木儿对孛罗帖木儿进行讨伐。孛罗帖木儿索性派兵造反，进攻大都。大军压境，太子爱猷识里达腊逃出了大都。这时，元顺帝万般无奈，只得把搠思监治罪，恢复了孛罗帖木儿的兵权，孛罗帖木儿这才退兵。爱猷识里达腊回到大都后，又加紧部署，调集人马准备对孛罗帖木儿进行讨伐。这样一来，又逼迫孛罗帖木儿再次进攻大都，兵临城下。爱猷识里达腊落荒而逃，一直跑到太原，依附了扩廓帖木儿。

在大都城里，孛罗帖木儿逼迫元顺帝册封他为左丞相，命老的沙为平章政事。但是扩廓帖木儿和李思齐联合出兵，向大都逼近。见势不妙的元顺帝立即杀了孛罗帖木儿，企图讨好扩廓帖木儿。

皇太子爱猷识里达腊又回到了大都，依仗扩廓帖木儿的势力，企图逼父逊位，但扩廓帖木儿坚决反对。他认为不能做出大逆不道、违背天理的事来，不肯支持他，两人就此彻底闹翻。

至正二十五年（1365年）闰十月，太子爱猷识里达腊封扩廓帖木儿为河南王，节制天下军马，趁机把他排挤出了京城。扩廓帖木儿奉命出京，以为大权在握，从此可以指挥天下的军事政权了。可是这只是一厢情愿，老将李思齐首先不服。

李思齐是同察罕帖木儿一起出兵作战的，见扩廓帖木儿一个晚辈，反倒爬到自己的头上来喝令自己，岂能忍受。当他接到扩廓帖木儿的调兵文书时，当然拒不服从。在他的带领之下，张良弼、孔兴、脱列伯等人也联合起来，一概不听从扩廓帖木儿的调遣，他们还推举李思齐为盟主，双方在关中一带展开了较量，结果是多次争斗，各有胜负，分不出谁上谁下。

至正二十七年（1367年）八月，朱元璋对张士诚的战争已是胜利在望，讨伐中原指日可待。元顺帝这时真是有些坐不住了，他恨自己与皇太后、皇太子及大臣武将纠缠的时间太长了，于是立即下令罢黜扩廓帖木儿的兵权，只给了他自己原先的兵部，去淮东抵制朱元璋的进攻，并令李思齐等人从凤翔出兵，拿下四川。但是，扩廓帖木儿哪能将刚刚到手的兵权再交他人之手呢？可是他的部将貊高、关保却不听他的命令，倒向了朝廷的一边。于是，扩廓帖木儿又开始与自己的人马较量了起来。

面对元朝的几员战将扩廓帖木儿、孛罗帖木儿和李思齐、张良弼等人的派系之争，朱元璋准备再进一步，果断决定进军北伐。面对这场直接关系能否推翻元朝统治、赢得天下最高权力的决战，一向用兵持重、谨慎的朱元璋此时更加慎重了。

至正二十七年（1367年）九月底，为了能打赢这场战争，为了能有十足的把握，朱元璋召开诸将联席会，讨论进攻中原、成就大业的作战方略。

会上，朱元璋首先明确这次北伐的意义，然后，便与众人商讨进攻中原的作战方案。在综合了大家的意见后，朱元璋道出了自己对进攻中原的想法："虽然现在我们取得了不小的成绩，但是我们千万不能有麻痹的思想，更不能轻视元军的军事实力。直攻元朝大都的危险性是非常大的，试想元朝的都城已经经营了上百年的时间，战备防御工事肯定已经很坚固了。如果我们贸然深入，在都城下面长时间地消耗我们的战斗力，必将会使我们成为疲惫之师，再说由于补给线过长，万一敌人切断了我们的后路，我们岂不是反而被元军包围起来了吗？粮草一旦断绝，士兵必然会斗志全无，这样无疑给了元朝政府喘息的机会，到那时元朝援兵就会从四面八方赶来，我们岂不是到那里白白送死吗？"

为了夺取这次战争的胜利，朱元璋可以说是绞尽脑汁，冥思苦想。一方面是大都的坚固，另一方面是自己的实力有限，怎么才能回避敌人的长处，而尽量发挥出自己的优势呢？大堂之上，谁都没有拿出一个切实可行的办法，纷纷你看着我，我看着你，谁也不知该如何是好。

这时，朱元璋突然又开口说："攻取中原的办法有了，我们应当采取侧面包抄的办法，将元军困在中原，叫他们无计可施。元大都是这次进攻的重点，因为那是元顺帝的栖身之地。我们何不先剪去他身边的枝叶，再对付这个老根呢？"众人仍疑惑不解地看着朱元璋。

这时，朱元璋走到了一张巨大的地图前，一边指着地图，一边说道："我们应该先取山东，撤其屏蔽；然后再挥师河南，断其羽翼；拔潼关而据守，据其户槛，将天下形势纳入我掌控之中，最后再进军元都。这样不仅万无一失，而且在攻下大都后，我们还可以乘胜追击，举兵西进，不久云中、九原还有关陇都会进我囊中了。这样，岂不是更好吗？"一番有理有据的分析论证，文武群臣对朱元璋佩服得五体投地，一致同意了这个方针。

至正二十七年（1367 年）十月，朱元璋在命令胡廷瑞进攻福建的同时，北伐战事正式拉开。

朱元璋命徐达为征虏大将军，命骁勇善战的常遇春为副将军，率兵二十五万，由淮水入黄河，浩浩荡荡分师北伐。朱元璋对这两人的分工是经过一番论证的。他认为徐达用兵持重，从不打无准备之仗，能做到军纪严明，戒骄戒躁，攻必克，战必胜，且得民心，所以任命他为征虏大将军再合适不过了。而部将常遇春勇往直前，即使面前有再多的敌人，他也敢于冲锋陷阵。只是担心他过于好斗而中敌人埋伏，所以把他任命为副将军。

北伐进军的第一站是山东。

至正二十七年（1367 年）十月，徐达、常遇春率领大军抵达淮安，准备与张兴会师。十一月，徐达下令开始进兵下邳、沂州，结果元朝沂州城破，守将王宣、王信父子统统被杀。

在攻占沂州后，徐达命令一部分将士扼守黄河要地，以阻断山东元兵的增援部队。然后又派出一行人马由徐州沿大运河沿岸直攻东平、济宁，自己则亲率主力攻进益都，益都守将元宣抚使普颜不花最终抵挡不住明军的猛烈进攻，中箭身亡了。徐达顺势又拿下了临淄、昌乐等六州县。等到次年二月，大将常遇春已经攻下了东昌，到了三月末，整个山东地区基本都已归入了朱元璋的囊中。

山东的平定可以说还是比较顺利的。刚刚安排好山东地区的收尾工作，徐达和常遇春又按照原计划向河南方向进军了。为了能尽快地把粮食送到部队手中，朱元璋命汤和从福建北返明州建造海船，以便从海上为北伐军再提供一条后勤补给线。同时，派康茂才率兵北上，支援徐达等人。此外，为了牵制和分散元军，策应徐达西取河南等地，朱元璋还命令征戍将军邓愈率领襄阳、安陆等地的驻军攻取南阳以北的各个州郡。

接下来的战斗就更是顺利了。各将领一路过关斩将，势如破竹，元军部队纷纷弃城投降。

洪武元年（1368 年）三月，徐达率师自郓城乘船向黄河上游西进，直接逼近汴梁东北的陈桥地区，逼迫元军守将左君弼不得不率部投降。四月，徐达率兵进占河南府，又连克汝州、陈州、

嵩州、钧州诸州。

与此同时，在战场的另一方，冯国胜带兵攻略潼关地区，元军守将最后也是放弃陕州城，临阵逃跑了。潼关元将李思齐、张良弼相继放弃潼关，逃入关中，以求自保。潼关陷落后，华州的元军深感恐惧，纷纷落荒而逃。到了四月底，整个潼关以东的河南诸郡基本上都已平定。至此，朱元璋的北伐军已经完成了他所说的"撤其屏蔽""断其羽翼""据其户槛"的作战任务了。此时，朱元璋的大军已经对元大都形成了三面包围之势，夺取元大都简直易如反掌。

五月底，朱元璋亲自从应天动身来到汴梁指挥战斗，部署进攻大都的作战方案，而且特别告谕各位将领，克城之日，不要掳掠，不要焚荡，不要妄杀，要做到市不易肆，民安其业。对元朝的宗室，要妥善安置，加以保护，以实现"朕伐罪救民"的志愿。

洪武元年（1368年）闰七月，徐达、常遇春利用元军的内讧之机，趁机挥师渡河，在临清与诸将们会师，马步舟师齐沿运河北上，攻克了德州地区。徐达派人赶制了一座浮桥以便快速过河到达河西，再次击败抵抗的元军。七月下旬，势不可当的徐达大军攻克了通州。此时的元顺帝就像一只丧家犬似的，惶惶不可终日。七月二十八日夜里，元顺帝就带着自己的后妃和太子从建德门经居庸关逃往上都去了。

洪武元年（1368年）八月二日，徐达等人成功攻占了元大都。到齐化门后，将士们填壕登城而入，生擒元留守准王帖木尔不花等人。至此，元大都已经被攻破，元朝的统治被朱元璋推翻了。

名人名言·荣誉

1. 荣誉是一种偏见，它来自人们不善于珍重自己。

——［苏联］高尔基

2. 荣誉的职业是沉重的负担。

——［英］马辛杰

3. 事业最要紧，名誉是空言。

——［德］歌　德

4. 通往荣誉的捷径就是一无所有。

——［英］塞缪尔·巴特勒

5. 由人授受的荣誉是长久不了的；世俗的荣誉只能给人
带来烦恼。

——［美］托马斯

6. 那些已经过去的美绩，转眼间就会在人们的记忆里消
失。只有继续不断地前进，才可以使荣名永垂不朽。

——［英］莎士比亚

7. 情操要高尚！成为我们真正荣誉的，是我们自己的
心，而不是他人的议论。

——［德］席　勒

8. 穿戴朴素而有声誉，胜于自诩富有而默默无闻。

——［古希腊］伊　索

9. 好人的荣誉深藏在人们的思想里，而不是挂在众人的
嘴上。

——［美］托马斯

第五章

Zhu Yuanzhang

开国皇帝

不干，固然遇不着失败，
也绝对遇不着成功。

—邹韬奋

▶ 称帝建国

至正二十八年（1368 年）正月，朱元璋在北伐进军的一片欢呼中，称帝建国，定国号为"大明"，建元洪武。

至正二十七年（1367 年），朱元璋在铲除了陈友谅、张士诚的势力之后，乘胜追击，一举攻下了浙江、福建等地。同年十月，朱元璋又派遣汤和进攻割据浙东的方国珍，迫使他弃城投降。洪武元年（1368 年）正月，朱元璋又马不停蹄地进军福州，地方军阀、元朝福建行省平章陈友定与其子共同被解送应天，后因不肯投降，被朱元璋一同斩首示众。四月，廖永忠率领大军南下进攻广东，大将杨景进攻广西，最后，二人合围靖江（今桂林），并生擒了元平章也儿吉尼。同年七月，两广地区尽为朱元璋所得，江南地区基本全都揽入朱元璋手中。统一大业在即，朱元璋此时的声名早已威震全国了。

在此之前，朱元璋按照儒士朱升提出的"高筑墙，广积粮，缓称王"的战略方针，卧薪尝胆，不断发展壮大自己的实力，扩大自己的势力范围。在经济上、军事上屡有建树，不断获得新的成绩。尽管如此，他还本着"缓称王"的策略来考虑问题，分析天下局势，他与宋政权的小明王韩林儿始终保持着形式上的君臣关系，以免树大招风，使自己成为众矢之的。

论起朱元璋的封职，从枢密院同金到江南等处行中书省平章，再到左丞相以及后来的吴国公等，皆来自小明王韩林儿的册封。他也正是以此一步步地奠定起了自己雄厚的物质基础，具备了"称王"的条件。

　　当前线的捷报不断地传到应天城时，以李善长为首的群臣们劝请朱元璋登基的活动也相应达到了高潮。现在，条件日渐成熟，朱元璋也在考虑自己称帝了。

　　朱元璋曾经派兵去安丰救小明王，是因为小明王有可利用的价值。不过现在，小明王已经没有任何用处了，留着他，反倒成了朱元璋的一个包袱。

　　为了能把小明王不知鬼不觉地"拿"下，朱元璋还是颇费了些周折的。经过长时间的思考，缜密的安排，他派手下大将廖永忠导演了一出"江中覆舟"的大戏。

　　从滁州到应天，必经长江，此时正是隆冬时节，寒风凛冽，浪涛汹涌，经常有人在这里翻船。朱元璋从平江前线调回了大将廖永忠，叫他去滁州把小明王接回应天，然后又私下嘱咐廖永忠："天有不测风云，人有旦夕祸福。长江风大浪大，弄不好就会出事。你要好好体会我的一番苦心啊。"廖永忠是聪明人，当然明白朱元璋的意图。第二天，廖永忠便带领一行人马来到滁州，护卫韩林儿及其文武官员回师应天。他们在长江的瓜步渡口处过江。廖永忠望着滔滔的江水，下令船舱下的士兵开始凿船，结果，韩林儿等一行人连人带船一齐沉入江中，淹死了。

　　小明王一死，朱元璋了却了一桩大事，他终于可以名正言顺地登基做皇帝了。

　　从至正二十七年（1367 年）起，朱元璋便不用龙凤年号了。他下令恢复中原传统，将百官礼仪皆由原来尚右改为尚左，因此李善长也由过去的右丞相改为了左丞相，徐达也由左丞相改为了右丞相，其他官秩也都做了相应的改动。他还任命李善长为律令总裁官，参知政事杨宪、傅王献、御史中丞刘基等人为议律官，制定法律。

　　朱元璋认为，天下大局已定，但称帝为时过早，他对李善长等人说："自古以来，帝王拥有天下，都是天命所归，人心所向，就是这样他们还是礼让再三呢。这种大事不可仓促而行，如果真是天赐我皇权，我又何须着急呢。"

李善长心里自然明白，古代帝王都是群臣再三劝进后才登基的。但是李善长也并没有再上劝表。不过，他嘴上不说，但是皇帝登基的准备工作并没有停止。在应天破土营建皇宫，他一面加紧督促，一面制定新的历法与政令。年底，新的历法和法律已经颁行实施，皇帝即位的朝服、后妃百官的朝贺礼服也都已定做完成，即位登基时的仪式经过反复演练，已经准备就绪。

东风已至，万事俱备。至正二十七年（1367年）十二月一日，李善长带领文武百官再上劝表，他说："开基创业，既宏盛世之舆图；应天顺人，宜正大君之宝位。"

朱元璋故作自谦地说："我乃功德浅薄，还不足以担当造福天下万民的皇帝重任。"李善长率领群臣跪地叩头，朱元璋仍是不答应。

第二天，李善长率领百官再次劝进，他说："主上谦让的品德，上感神明，下感天下之百姓，名德早已传遍四方。愿主上为天下人着想，尽早登基做帝，救万民于水火之中，请主公答应群臣的请求吧。"说着又跪下来了，文武百官也一同跪了下来。

朱元璋无奈，只好答应下来："诸位爱卿，屡请不已，看来我只好勉从舆情了。但此事非同小可，切不可草率行事，望诸位斟酌仪礼而行啊。"群臣叩头谢恩领旨。

至正二十八年（1368年）正月初四，风和日丽，万里无云，一派吉庆祥和的景象。从南郊一直到新盖的宫殿，早已打扫得干干净净，大道两旁插满了旌旗，就等着皇帝的到来了。正午时分，朱元璋在文武大臣的簇拥下来到南郊城下，先行部队是由身材高大、健壮魁伟的士兵组成的仪仗队，甚是威风。

登基仪式正式开始，祭祀活动分为以下三个步骤：

第一个步骤，祭天神。礼仪官在祭坛上燔烧木柴，然后将玉和猪、牛、羊三种牲畜共同置于火上烧烤，让天神享用迷漫于天空中的气味。

第二个步骤，宣读祭文，然后朱元璋率领百官饮祭酒、吃祭肉，此为饮福、受祚的象征。最后，再把祭坛上的大火烧得更旺，此为送天神。

第三个步骤，祭地神。典礼司仪将玉帛埋于地下，然后由朱元璋带头，群臣紧跟其后跪在地上，拜敬地神。拜谢天地众神之后，朱元璋这才换上了绘有日、月、山、龙图案的衮服，头戴平顶冠冕，在祭坛的正南面，正式登基即位。

接着，丞相李善长率领文武百官们连呼万岁，向北跪拜行礼，这才结束了整个登基仪式。此时的朱元璋不禁遥想当年，儿时跟着一群小伙伴玩做皇帝游戏的情景了，如今梦想真地变成了现实。望着群臣的叩首拜贺，他感慨万千，想不到昔日的放牛娃，到处讨饭的穷和尚，竟然真的做了至高无上的皇上。唉，真是"王侯将相宁有种乎"啊！

典礼完毕后，朱元璋率领文武百官到太庙追尊四代祖先，朱元璋手捧玉宝（印玺）、玉册（追封册文），宣读追封高祖朱百六为德祖玄皇帝，妻胡氏为玄皇后；曾祖朱九四为懿祖恒皇帝，妻侯氏为恒皇后；祖父朱初一为熙祖裕皇帝，妻王氏为裕皇后；父朱五四为仁祖淳皇帝，妻陈氏为淳皇后。

最后，朱元璋回到新建成的奉天殿，正式接受百官的朝拜。李善长又代表皇帝册封马氏为皇后，长子朱标为太子。朱元璋宣布定都应天，国号改为大明，改元洪武。

定国号为大明，并不是随随便便的，而是有充分的理论依据的。"大明"一词出自《大阿弥陀经》中的一段经文：

佛言：阿弥陀佛光明明丽快甚，绝殊无极，胜于日月之明千万亿倍，而为诸佛光明之王，故号无量寿佛，亦号无量光佛……超日月光佛。其光明所照，无央数天下，幽冥之处皆常大明。

"诸佛光明之王"指的就是阿弥陀佛，"弥陀出世"指的自然是白莲教徒韩山童所倡导的"明王出世"。朱元璋年轻时当过和尚，他从经文上就已撷取"大明"二字深刻的意义了。

经历了元末大动荡后，一个新的王朝建立起来了，这意味着一个新的光明的世界即将到来。从朱元璋个人的角度来说，"大明"二字正是对他出身佛门的一个最好的纪念性标志。

▶ 偃武修文

朱元璋建立明朝以后，为了实现从"马上打天下"到"下马治天下"的转变，他开始重用文人。朱元璋拒绝武夫们做官治天下的要求，他说："世乱则用武，世治宜用文。"

明朝建立之初，朱元璋十分注重汲取各个朝代的治国成功之道。他常常把汉、唐时期治国良策借来一用。他最为欣赏的就是汉朝时期陆贾所提出的"马上打天下，下马治天下"这条治国真理。

原淮西红巾军部队的一些武将认为大明的江山社稷是他们打下来的，理应由他们来充任各级官员，与皇帝分享天下，这本无可厚非。可是朱元璋想到这些人原本是小农或地主阶级出身，由于自身知识有限，往往就会导致他们一旦事有所成，就会贪图安逸，躺在功劳簿上追求功名利禄。所以只凭这些人是治理不好国家的，正如"马上打天下，下马治天下"的道理，如果两军相战，只有武夫才能抵挡得住，儒生一无是用；而要说到朝廷内政的治理，武夫们就派不上用场了，这时就需要儒生来治理了。看来朱元璋还是相当精明的，他能透彻地分析出文臣武将作用的条件性、阶段性。

无论哪个朝代，治政之道都在于一个正确的治国方针、正确的指导方向。而这些方针、政策的提出又是来自哪里呢？方针和政策都是由人来制定的，所以说关键还是在于人才的选拔与管理。

小到一个地区，大到一个民族，一批优秀杰出的人才，会使百姓安居乐业，国家强盛，经济发展。这对于明朝初期的朱元璋来说是非常重要的，西域还未收复，蒙古还未统一，辽东也未归附，这都是亟须解决的问题，然而没有一个良好稳定的基础，又怎能实现这些目标呢？所以说，朱元璋已经清楚地认识到，现在当务之急就是要招揽人才，壮大自身实力。

朱元璋在吸收人才和重用人才方面，一直向汉高祖刘邦、唐太宗李世民学习。

首先，朱元璋对于那些前来投靠他的人才，从不求全责备，对他们采取用人不疑的方针，充分做到物尽其用、人尽其才，使他们的才能得以充分发挥。

早在攻下应天城之时，朱元璋就曾表示，如果将来可以建国称帝的话，一定要选取一些有真才实学的人来做官。朱元璋是这么说的，同时也是这么做的。他非常注重搜罗能人，挖掘人才，对于那些非常有才能的学者志士、民间俊杰，朱元璋常常是亲自下诏或者亲自登门拜访。比如，谋士刘基就是在朱元璋三番五次的求见之下才出山的。朱元璋曾感慨地说："刘备不过三请诸葛亮，而我朱元璋竟然请了四次才得此贤才……"不过事实证明，朱元璋四请刘基是完全值得的；相反，要不是有刘基这样文武兼备的王佐之才，朱元璋很难打下大明的江山。

称吴王后，朱元璋也曾对侍臣们说过，现在元朝的江山已经让我打下了三分之二，如果能够得到一批能真正帮助我治理内政的贤能之士，辅佐本王治理天下，让我有充沛的精力整治朝政，大家群策群力，尽心做事，改革政治体制上的弊端，安抚百姓，稳固发展，重视生产，那我一定能够统一天下。

俗话说"国无仁贤，则国空虚"。朱元璋认为，不管是手下的败将，还是无名的小卒，只要是人才都一律重用。因此，他每打一仗，每攻一城，都要求将领们时时刻刻留意当地的名儒雅士，并且注意保护手下所俘的敌方将领。确有能力者，他非但不杀，而且还要为其开脱，加以任用。

在建立明王朝，登基称帝之后，朱元璋对人才的渴望就更加强烈了。一次在总结历代政治得失时，朱元璋对大臣们说，记得尧、舜曾向四周的部落征寻人才，当他得到这些人才，重用之后，他的国家立即就兴盛强大了；与之相反的是，殷纣王昏庸无能，不重用良臣比干、箕子和微子，反而把他们一个个弄得家破人亡。正是由于他失去了贤才的辅佐，才使得国家灭亡。再看周朝，由于周武王重用了周公、姜尚等人，使得周朝历经几百年都不衰。可见，一个良才、一批贤才对于一个国家的重要性。

其次，为了更广泛地招揽人才，明朝建立以后，朱元璋曾恢复科举制度，开科取士。通过考试，从天下的读书人中选取优秀之才，授予官职，让他们为朝廷效力。对于那些散落在民间的名儒，朱元璋也非常重视。他认为，既然自己是天下人的君主，理当让天下所有的士子来扶持自己，为大明效力。

再次，朱元璋非常重视选贤任能。朱元璋治理国家，讲究精勤于政。然而这种勤政的极端表现在于对权力的支配，朱元璋特别崇尚这种权力的绝对性，也许担心别人管理不好国家，也许怕身边的大臣滥用职权，总之他是不会轻易放权的。然而，一个人的精力毕竟有限，对于管理一个国家而言，不可能事必躬亲。所以对于勤政的渴求自然地就转化为对于选贤任能的一种渴望。

朱元璋从元朝对文人的态度中吸取教训，重视选贤任能，鼓励儒生积极投靠。

同多数的开国君主一样，朱元璋非常注重总结前朝的失败教训，并常常以此为鉴来教育臣下和后代。朱元璋认为，元朝初期的政治还是相对开明的，尽管他们对汉人抱有歧视心态，但并没有后期那样严重。虽然蒙族的官员们对汉人做官竭力反对，但忽必烈及后代几位君王看重汉人忠心为国、尽心辅佐皇帝，所以力排众议，坚持任用汉族的官员。因此元朝初期，汉、蒙两族能和平共处，还没有发展到互不相容的地步。对汉人中贤能之才的任用，也使元朝初期建设有比较大的成效。可是到了后来，由于蒙古贵族内部争权夺利，结党营私，对汉人尤其是儒生们表现出强烈排斥的心理和行为，因此这些儒生们纷纷隐居起来。

朱元璋为了巩固统治地位，急需儒生志士的辅佐。可是受到元朝长期轻儒的影响，这些儒生们都变得非常谨慎，淡泊名利也好，不愿为明朝出力也罢，总之，都不愿出来做官。对于急需人才的朱元璋来说，只得下了一道旨意，逼迫那些终日隐居的儒士出来做官，圣旨的大概意思是，既然你不愿接受明朝的官职，那你就有谋反的嫌疑，就要被处死。可见朱元璋求贤若渴、招揽能人的急切心理已经到了何种程度！

朱元璋深深明白人才对于治理国家的重要性，所以他唯才是举，爱惜人才。

当初濠州起家时，朱元璋就曾遇到冯国用、冯国胜兄弟和李善长这样的能人，因此他深知学问的重要性和宝贵之处。后来在他攻下太平、应天、婺州等地后，这些江南名城的贤才们又使他受益匪浅。他将婺州改为金华府后，整日和一群儒界名流在中书分省会餐，由两名儒士轮流讲解经书和历史，他们无疑就成了朱元璋的老师，而其中他学得最多的就是如何得天下圣贤之士及如何用人。

江西乐平名士许瑗，曾在元末的两次科考中考取第一名举子。当朱元璋向他请教治国之策时，他奉劝朱元璋的第一句话便是："非广揽英雄，难以成功。"

中国的历代帝王在总结成功的经验时，都把重用人才放在首位。朱元璋在这一点上深受启发。

在中国古代，尤其是在列国争雄的形势下，一场军事斗争，无不牵扯到政治、经济、外交等政策的综合运用。因此，一项大的军事决策，往往需要发挥各种谋略人才的积极作用。官渡之战，曹操大破袁绍，就是采纳了群谋群策。而赤壁之战中，孙权和刘备之所以能够联合打败曹操，就是因为有孔明、鲁肃、庞统、周瑜等人的共同智谋以及黄盖等军事人才的智慧。

汉高祖刘邦曾经说过这样一段话："夫运筹帷幄于之中，决胜于千里之外，吾不如子房。镇国家，抚百姓，给饷馈，不绝粮道，吾不如萧何。连百万之军，战必胜，攻必取，吾不如韩信。此三者，皆人杰也，吾能用之，此吾所以取天下也。项羽有一范增而不能用，其所以为我擒也。"由此可见，得士失士关系着一个国家的兴亡与更替，这绝不是耸人听闻的。

朱元璋也时时以刘邦为榜样，深知"以史为鉴可以知兴替"的道理。他曾以李善长为萧何，以徐达为韩信，以刘基为张良，将其喻为"三杰"。为了更好地阐述他对人才的渴求，朱元璋还打了一个比喻来说明人才的重要性。他认为，建立一个偌大的国家，其实就好比是盖一座房子，一根独木肯定是不行的，必须得有许多木材才能支撑得住。偌大的一个天下也不是一个人就能治理得过来的，必须任用大批贤人志士才能巩固发展起来。贤人不来，治国则必有缺陷。鸿鹄之所以能够远飞，正是由于它有坚硬的翅膀；蛟龙之所以能够腾跃，是因为它有鳞甲。做皇帝也是一样，必须有贤才义士的辅佐，才能取得很好的政绩。

不仅如此，自从儒生李善长等人加入其阵营后，朱元璋对儒家思想达到了更深一层的理解。他对儒家思想做了重新的审视，清楚地认识到，自从孔子的学说被汉朝承认后，儒家学说就成了封建专制统治者统治人民的工具，而且在这之后的各个朝代无不效法，并且还把孔孟之道提升到国家意志的高度，加以积极宣传和提倡。既然自己要得天下、坐天下，统治阶级的理论工具必然少不了，通过它可以使天下的百姓都顺从自己。朱元璋为了表明这种尊重儒生的态度，他经常入孔庙祭拜。

朱元璋对儒生的认识改变后，他就越来越注意对儒生的吸纳，积极地为自己的事业铺路。早在攻打应天之时，朱元璋就曾表明过这种尊儒的态度。攻下应天之后，朱元璋派人张贴告示，广招儒生，引得夏煜、孙炎、杨宪等十几个儒生前来投靠，消息一经

传出，在应天城引起了不小的震动。后来，随着秦从龙、宋濂、刘基、叶深、章溢等人的到来，朱元璋还专门为他们盖了礼贤馆，让这些名儒住进去，并加以优待，以招揽天下更多的儒生才子。

为了鼓励儒生积极投靠，打消他们怕为红巾军所不容的顾虑，朱元璋采取了很多方法。

他亲自下了一道指令，指令的大概意思是，我会对你们以诚相待，并不会因你们以前的过错而怪罪你们。指令一下，使得被元朝政府压抑已久的儒生们大为感动，纷纷来投。

朱元璋也效仿唐太宗的做法，对这些来投的人，通过考察他们的德行与能力，把他们安排到合适的位置。熟悉历史，能够出谋划策的人，便成为他的顾问，搬进礼贤馆，以便能随时向他们请教；擅长行政管理的，则派到各地去治理内政；对兵法深有研究，能够运筹帷幄、决胜千里的，统统授予将官之职，派他们统兵作战。总之是尽力做到人尽其才。

最后，朱元璋还大力推行举荐制度。在明朝建立之后，朝廷对于贤才的需求达到了一个高峰状态。随着各级官僚机构的设置和完善，需要任用大批的官员治理天下。因此，怎样选择官员就成了明王朝的当务之急。于是朱元璋开始大规模地推行荐举制。

洪武元年（1368年），徐达引兵占领山东后，命令所在各州郡官员必须访取贤才和闲居在家的旧官吏，并派人把他们的资料整理收集后送往应天，让朱元璋亲自过目，加以筛任。同年四月，朱元璋又派人到河南，命徐达征召儒士睢明义、秦彦洪、哈天民、钜鼎臣、程彦鲁、迈仲德、王克明、单有志、王仪等到京师应天，朱元璋亲自接见了他们，并授予官职，给予俸禄。

为了打消人们的疑虑，八月，朱元璋又下令说："凡是有才能的人，如果因战乱而躲藏起来的，各地官吏必须加紧寻访，如实禀报。对这些儒士们一定要讲究礼貌，不得无理，尽量把他们争取过来。对于那些身体不适的儒生、义士，各级官吏必须尊重他们个人的意见，加以重视。这些人的入仕一事，将由中书省具体办理。"

即使是在科举制实行后，朱元璋也从未放松过举荐制的运用。洪武三年（1370年）二月，朱元璋还曾诏谕全国官民，那些隐居山林或是被压在社会底层的贤才能人，现在都应举荐过来。为了让各地的下级官员们重视这个诏谕，他在六月份还专门下了一道圣谕，令各地的官员加紧寻访贤人雅士，不得有怠懒之心。

洪武十三年（1380年）发生了胡惟庸一案，由于牵连甚广，致使几万人被杀。明朝的职位又出现了大量的空缺，朱元璋更是加紧了举荐制度的实行，往往第一封诏书刚刚到达，后一封诏书就又来了。为了尽快地补充各级官衙的官吏之需，朱元璋还特地命令各地进京的官员，必须每人举荐一人，而且可以跨级别、跨职务地推荐，只要是人才都可以接纳。形容他"求贤若渴"，可是一点也不过分。

朱元璋对这些被举荐的人才的条件放宽了许多，只要具备"聪明正直""贤良方正""孝悌力田""儒士""学廉""人才""秀才"等中的一条或两条，就有被举荐的可能。举荐的人一多，难免就会出现鱼龙混杂、泥沙俱下的现象。走后门的，托关系的，各种人统统涌向了京师，问题也就随之而来。这些人中，有些并没有什么真才实学，而只是徒有虚名、装腔作势，一旦被送到了京师，难免就会露馅。

洪武十五年（1382年）八月，监察御史赵仁上书建议说："应该对那些举荐上来的秀才，先进行严格地考察，看看这个人究竟有没有真本领、真才学，然后再加以重用，授予官职也不迟啊，并且还应该对他们的政绩进行考核登记，优胜劣汰，对那些贪赃枉法的人，不但要撤掉其官职，还要将他们法办，这样才能保证举荐制度的纯洁性及有效性。"

朱元璋采纳了这项建议。他命令刑部尚书制定一套行之有效的考试方法，要求凡是到京师的秀才，一律要委派有才识的文武大臣进行会考。会考共分为六科，六科均优者为上，三科以上者

为中，三科以下者为下，其他为不堪。根据考试的成绩，授予相应官职。同时，规定保举人必须做到认真负责，选送京师的秀才，必须有真才实学。如果真有才干，保举人也会因此而得到提升，否则保举人也会因此受到牵连，被降职查办。此法在全国推广后，造假者大为减少。

由于举荐制度得到了很好地推广，大量的真贤实才被举荐到明朝的官府里做了高官。被举荐的人数，也逐年上升。可见明初的人才选用，是多途并用、千方百计，科举与保举相结合，荐举与招聘有时亦与考试结合，其目的是保证获得德才兼备的人选。

由于朱元璋用人方针正确，方式也灵活多样，最后甚至出现了"山林岩穴、草茅穷居，无不获自达于上，由布衣而登大僚者不可胜数"的盛世景象。

▶ 首创内阁制

朱元璋废除了千百年来的丞相制度，为了加强收揽皇权，把行政、财政、军政大权都抓到自己手中。

明朝建立后，朱元璋的第一个大动作就是改变原来的政治体制，他要建立一套高效的君主集权制度，要运用一种特殊的手段削弱臣下手中的权力。朱元璋首先从司法部门开始着手。

明代司法权被分在许多小机构里，如朝廷有刑部、都察院、大理寺，史称"三法司"。刑部受理刑案，都察院察劾，大理寺驳上，军队中还有五军都督府断事官，军队内部的刑案都在五军内部审讯。各省提刑按察使司，可自行审理各省刑案，都察院各道监察御史和各道按察分司，也参与各地案件审理。

不仅如此，朱元璋还创设了一个特殊机构——锦衣卫，它具有特务、军事、监察和法司等多种职能和特性，它直属于皇帝，凌驾于各部门之上。这只是朱元璋分权、集权计划的一小部分，真正大规模的行动还在后边呢。他将地方、外朝、军队的大权全都揽到自己手中。

首先，对地方而言，他实行架空削弱政策，收权于中央。元代的行中书省是从中书省分出去的，职权过于庞大，到了后期甚至超过了中央，连元顺帝都无法控制了。而红巾军的起义，正是利用各地长官拥兵自重，不服中央这一点，使全国各地逐渐形成军阀割据。作为元朝掘墓人之一的朱元璋十分清楚这种行政体制的弊端，他决定削弱地方官的权力。

洪武九年（1376年），朱元璋下令废除行中书省。他将行中书省改为承宣布政使司，置左右布政使各一人，掌一区的政令。布政使是朝廷派驻地方的代表、使臣，秉承朝廷旨意宣扬政令。全国分为浙江、江西、福建、北平、广西、四川、山东、广东、河南、陕西、湖广、山西12个布政使司，后来又增设云南一个新的布政使司。布政使司的分区，大体上继承元朝的行省，它的职权却只掌管民政、财政，与元朝比，轻重大不相同。此外，朝廷还把原属行中书省的地方司法和监察权独立出来，单独设立提刑按察使司以掌之。又设都指挥使司，简称都司，专管地方军事，合称"三司"。

这一将地方最高职权一分为三的做法，实在是高明。朱元璋让三权彼此相互独立，可以独自行使职权，但是又互相制约，均不能凌驾于皇权之上。而朱元璋正是利用这一点，加强了皇帝对地方的控制力。

其次，在省一级建制正式确立以后，朱元璋把省以下的地方行政机构也由元朝的路、府或州、县三级制，简化为府或州、县二级制。这就大大加强了皇帝对地方政权的直接控制，简化了下达政令的程序，使皇帝可以对地方进行垂直管理。最关键的还是使影响皇权的相权彻底消失了，这对实现皇权的至高无上有决定性的意义。丞相的职位虽然被废除了，但丞相的职事毕竟还得有人来做。皇帝一个人精力有限，不可能事必躬亲，所以就把相权转移到内阁、六部中去了。

皇权有两大体系，一个是官僚机构，一个是军队。朱元璋从一开始便采用文武分途的统治体制，文官统于中书省，武官统于大都督府，现在中书省的问题解决了，自然就该轮到大都督府了。

再次，朱元璋在收揽行政权力的同时，丝毫未曾忘记对军队的控制。作为行伍出身的皇帝，他深知军权在政治生活中的特殊意义。在改革中央政府机构的同时，朱元璋也对军事机构进行了大力的整顿，以适合君主专制体制的要求。

明代初期，中央除设有兵部外，还设有大都督府，其总长官为都督，权力最大，"节制中外诸军事"。当初，为了安全起见，朱元璋任命侄儿朱文正为大都督府的总都督。可是他看到自己的几个儿子均不如侄儿能干，他担心到时朱文正篡夺自己或儿子的帝位，所以他于洪武十三年（1380 年）胡惟庸案发后，在废中书丞相的同时，下令废大都督府，并设中、左、右、前、后五军都督府，将原来大都督府权力分成五部分。全国军队由五军都督府分领。

五军都督府职责很简单，掌管军籍，训练统领军队，但是不能调动军队。军队的调动、军官的任免升调、军令的发布、军队的训练必须由兵部来系统安排与负责。可是反过来，兵部不能统领军队，不能指挥军队作战。遇有战事，必须由皇帝下诏任命统军将领，兵部颁发调兵命令，都督长官奉命率部出征。而战事一旦结束，总兵官将将印归还，军队再立即回到原来的地方。

卫所制是明代独特的军事制度。立国之初，如何编制和训练军队，是朱元璋关注的问题之一。他和刘基研究了历代兵制之后，创立了卫所兵制。这一制度可以避免征兵制战斗力较差的弱点，同时可以避免募兵制兵士容易叛逃和军费负担过重的缺陷。卫即卫指挥使司，所即千户所和百户所。明代卫所大都分布在边地和各省内，一般是一府设所，几府设卫。以5600人为一卫，1120人为千户所，以112人为百户所，每个百户所包括两个总旗，各约50人，每个总旗包括5个小旗，各约10人。这就形成了五军都督府都司、卫、千户所、百户所、总旗、小旗的从上到下的军事编制体系。

卫所军士来源有四个，一是从征，即早年跟随朱元璋起事的部队；二是归附，即招降的元朝军队和其他群雄的军队；三是谪发，即因犯罪被罚充军的，也叫恩军或长生军；四是垛集，即从民户中按人口比例征调的，这是卫所军的最大来源。军士是世袭的，军士携家带口，世居一卫所，远离家乡，子孙中一人世袭为军，代代相传，并以严格的户籍制度保证军民分籍，军籍掌管于五军都督府。明王朝利用这一制度，使卫所兵源得到了充分的保证。

朱元璋这一番煞费苦心的设计，使军队分交多个机构进行管理，各机构间形成互相牵制的局面，任何一个单独部门都不能直接使用军队。这就从根本上防止了个人、部门对军队的控制，使军权集中于皇帝一人手中。

明朝军卫法实施以后，取得了很好效果，大明朝始终没有发生武将拥兵叛乱之事。但是也有其致命的缺点，那就是军队战斗力的下降，造成了兵不识将，将不练兵的事实，一旦打起仗来，卫所只能是一个摆设。

通过这些措施，朱元璋已经把行政、军事、监察三权分别独立，系统分明，职权清楚，法令详密，组织严紧。这整套统治机构的设置，起到了互相钳制、监察的作用，而强大的特务组织锦衣卫又可镇压威制一切官民。结果是都督府管军不管民，六部管民不管军，武将平时不指挥军队，而动员复员之权属于兵部，户部负责供给粮秣，工部负责供给武器，而真正的大权掌握者还是皇帝本人。

朱元璋并没有就此停下前进的脚步，他感觉自己制定的这一套集权制度还有一个明显的漏洞，那就是不受体制所约束的家里

人——嫔妃与宦官们。于是，他进一步加强了对嫔妃和宦官的控制。

历史表明，宦官和外戚可以说是君主政治上的一项不得不重视的问题。东汉和唐朝时期的许多问题，皆是由他们而起。宦官在宫中必不可少，为了让他们奉公守法，朱元璋规定，凡是内臣都不许读书识字，又铸铁牌立在宫门，上面写着："内臣不得干预政事，犯者斩。"同时规定内臣不许兼外朝的文武官衔，作内廷官不能过四品，并且外朝各衙门不许和内监有公文往来。这样宦官们就没有一丝篡位揽权的机会。

对于后宫，朱元璋也同样立下规章制度，要求皇后只能管宫中嫔妃的事，宫门之外的事不得干预。宫人不许和外间通信，违者处死，断绝外朝和内廷的来往甚至通信，使之与政治体系形成一种全然隔离的状态。这使那些外戚们只能领取高爵厚禄，而绝没有机会预闻政事。所以在洪武一朝三十多年中，内臣小心守法，宫廷和外朝隔绝，彻底杜绝了宦官当道、外戚揽权的可能。

大权独揽后的朱元璋日常处理的政务与日俱增。朱元璋在战争中摸爬滚打多年，他在废相初期还能够胜任这些繁重政务。如洪武十七年（1384 年）九月十四日到二十一日，他平均每天要看两百多份奏议，处理四百多件事情。但长此以往，谁也受不了，所以，他需要一大批贤才志士的辅佐。

洪武十五年（1382 年），朱元璋设置华盖殿、文华殿、武英殿、文渊阁、东阁等殿阁大学士，并以一些品级较低的翰林院编修、检讨、讲读等官吏来充当。朱元璋仅仅让他们帮助自己阅读奏章，处理和起草文书而已，这样就可以避免这些殿阁大学士以此来获取行政权力了。

内阁制是明朝的一种新制，这种体制，既不像以前权力极大的丞相制度，也不是毫无作为的傀儡制度。可喜的是，朱元璋的子子孙孙们再也受不到丞相这一权力的威胁了。因为，朱元璋早已经把丞相的权力分给各个弱小的部门了。

▶ 严酷的吏治

朱元璋登基不久，就下令设专人每天五更在谯楼上吹号角，并高声唱道："为君难，为臣又难，难也难；创业难，守成更难，难也难；保家难，保身又难，难也难！"以此警告臣子谨身守法。

洪武一朝，可以说是中国封建王朝历史上，对贪污贿赂打击最激烈、杀戮贪官污吏最多的时期了。大业面前无私情，为了巩固权势，对于心腹之人，也要看紧才行。对于敢以身试法者，决不宽容。

朱元璋身边的许多大功臣，都是随同自己打天下的人，出身贫苦者有之，富足之户也有之。但不论是前者还是后者，都随着明朝的建立，得到了应有的土地和赏赐，逐渐升为新的权贵势力，其中有些人的贪欲开始作祟了，同元朝末年的贪官污吏一样，开始仗势欺压百姓，破坏王朝的法规法纪。

至正二十四年（1364 年）朱元璋就曾告诫徐达、常遇春等人，让他们对自己的家奴严加管教，加以约束，切不可使家奴"恃势骄恣，逾越礼法"。"上梁不正下梁歪"，家奴有时不只是仗势欺人，更多的是受主子的支使。所以说，问题不在家奴，而是在主人身上。

徐达是性情恭谨、处事虑精之人，受到这种告诫，自然会收敛，可是其他功臣呢？洪武三年（1370 年），功臣获罪的情况颇多，罪名往往都是纵容童仆倚势犯法、凌暴乡里。可以说，自从朱元璋告诫徐达约束家奴开始，就表示他有意无意地告诫功臣本人，只不过说法婉转些罢了。后来，鉴于功臣们恃功犯法的现象屡禁不止，情况日益严重，朱元璋特命工部造铁榜，铸上申诫条令，逐项规定处罚、处刑的法律，严重的还要处斩。可是效果并不理想，甚至出现了犯罪率上升的现象。

在立榜之后，凉国公蓝玉蓄假子、庄奴数千，强占东昌民田，被百姓告状，御史来审问，蓝玉以乱棍将御使驱走，他还私买云南盐破坏盐法；江夏侯周德兴恃为太祖故人，营宅逾制，穷极奢华；营国公郭英恃功，私养恶奴，滥杀无辜；永嘉侯朱亮祖在岭南尤贪婪残暴，横行不法；德庆侯廖永忠僭用龙凤；颍国公傅友德食禄三千石，其他赏赐亦厚，仍不断乞请怀远田千亩……面对公侯们对铁榜条文的置之不理，朱元璋不得不加大对新权贵打击的力度，罢官揽权，斩杀功臣。

朱元璋之所以这样做，就是为了稳定自己的统治局面，抑制这种亡国致命的贪欲。凡是不利于自己权力的因素，他统统加以排斥，无论你是功臣旧勋，还是皇亲国戚，只要犯了法，都严惩不贷。

自己的亲侄儿朱文正因立有战功，官拜大都督。在镇守江西期间，贪财好色，骄侈荒淫，朱元璋先将他罢官免职，最后又将其软禁；而晋王同样如此，他将出土文物占为己有，大修别墅宫殿，大选美女以供玩乐，朱元璋也要治他的罪。

这里还有一个最典型的例子。

明初时，朱元璋在边境地区实行茶马贸易，主要是用内地茶叶换取边地马匹。为了保证这一贸易的正常进行，他曾下令兵部禁止私贩茶叶。可是私贩茶叶到边境的事情却屡禁不止，于是他又不得不重申禁令，要求四川、陕西等地的官府和卫所严禁私贩，违者重处。

即使是在这种情况下，还是有人敢于顶风作案。他就是朱元璋的驸马爷欧阳伦。

欧阳伦派家人周保去边境贩茶，以牟取暴利。周保一行人马仗势欺人，所到之处，横行霸道。陕西布政使司官员惹不起驸马家人，只得俯首听命，为他们征派民车几十余辆。在经过兰县河桥巡检司时，周保等人对巡检司官吏更是蛮横无理，稍有不顺，就是拳打脚踢，百般侮辱。小吏最后实在是忍无可忍，这才愤而上告。

朱元璋得知此事后，勃然大怒。他先把周保等人斩首处死，然后叫来布政司官员兴师问罪，最后又毫不留情地把驸马爷欧阳伦一并赐死，而河桥巡检司小吏却因揭发有功，得到了嘉奖。

欧阳伦是安庆公主的丈夫，而安庆公主是马皇后的亲生女儿，也是朱元璋平日最宠爱的公主之一，所以说欧阳伦也应该算是朱元璋面前的红人了。可是，别看他做了十几年驸马，触犯了大明的律法，朱元璋同样将他处死。

建国后，朱元璋非常重视对官吏的委任和考核，他曾多次强调"不禁止官吏的贪暴，百姓就无法生存下去"，"这一弊端不革除，就不可能达到善政"。在庞大的官僚网的形成中，朱元璋决心吸取元朝吏治败坏以致亡国的历史教训，开始整顿吏治。朱元璋整顿吏治表现在重视官吏的考核。

朱元璋严格地考核官吏，他经常评审臣下的才能是否与其所任官职相符，所做之事是否与其责任相符。事实证明，只有这样经常地审核官吏，才能使人尽其职，不虚其位。

洪武元年（1368年），明太祖朱元璋颁布了《大明令》。《大明令》里严格地制定了地方官员的考核制度。其中一条就是各地府、州、县官员三年任满，要赴京接受考核。进京的官员要带有三年任职期间政绩的文册，作为考核官员的凭据。而之所以这样做，就是要看这些官员们政绩优劣，是否称职。

洪武二十六年（1393年），朱元璋颁布了"考满"这种官吏的常规化制度考核。"考满"仿照古代官员考核制度，规定中央地方各级官员在九年的任职期间，必须每三年考核一次，第三年的考核叫作初考，第二个三年叫作再考，第三个三年叫作通考。具体到地方官员，府、州、县属官先经由本衙门正官初考，府、州、县正官由上级正官初考，然后层层上报核实，再送吏部考核。布政司、按察司属官也先由本衙门正官初考，报吏部考核。布政司和按察司的正官和副职，要经都察院初考，吏部复考。各衙门根据官员任职期间的政绩皆编造文册，报送吏部，经过核实，拟定评语。评语的好坏与官员的升降直接挂钩。评语分为称职、平常、不称职三种。当然谁都想称职，可是这就要看你的政绩如何了。

　　"考满"制度源于元朝，当时是这样规定的，府同知一考无过失的，可升为知府；知县二考无过失的，升为知州；县丞一考无过失的，可升任知县。到了洪武二十六年（1393 年），朱元璋把它改为府、州、县官三年考满，评语是平常和称职的，在相同品级内调用，而不称职的正官、副职则要降官，首领官要降为吏。

　　早在洪武五年（1372 年），明太祖就制定了六部职掌，以便控制在京的官员。而洪武二十六年（1393 年）颁布的《诸司职掌》，则更详细地规定了中央各部门的主要职责。规定中指出，京官四品以上九年任满，由太祖亲自决定升降，五品以下任满三年，由本衙门正官按称职、平常、不称职三等写出评语，经监察御史考核，再由吏部复考。

　　除"考满"制度外，朱元璋还对官员进行"考察"。"考察"制度共分为两种：京察和外察。京察所针对的对象是中央各机构和两京所在地的顺天府、应天府各级官员，而外察针对的则是外地的官员。

　　政令刚开始颁布时，朱元璋规定地方官员每年需朝见天子一次，到了洪武十八年（1385 年）又改为了三年一次。每次朝见完毕，都由吏部和都察院对官员进行考察，并将京察和外察的结果，报请皇帝批准公布。"考满"和"考察"这两项考核官员制度，都出自朱元璋之手，都是用来控制、整顿官僚机构，保证国家机器正常运转的重要手段。但二者却有着明显的不同，"考满"多与升迁相关，而"考察"是以罢黜官员为主，两者相辅相成，构成了明朝重要的考核制度，是官僚管理制度的重要组成部分。

　　同时，需要指出的是，无论是考满，还是考察，朱元璋对官员考核的主要目的还是要看官员的办事能力。这与朱元璋求实的作风密不可分，他终生反对虚言浮夸，更厌恶有人欺瞒他。所以，他非常希望他的官员们都能尽心尽职，多有政绩。这也反映出他对社会治理、王朝稳固有一种强烈期盼。

朱元璋整顿吏治还表现在惩治贪官。

经过元末多年战乱，朱元璋急于安定社会秩序，他尤其注重官员在安抚百姓方面所起到的作用。在《大明令·吏令》中，他规定以户口增、田野辟作为各地府、州、县官的重要职责。地方官员来京朝见，他曾告诫他们："天下初定，百姓乏力，就像小鸟初飞，树苗初栽，不要拔去鸟的羽毛，撼动树的根苗。廉洁能够约己爱民，贪赃必会害民肥己，你们要引以为戒。"

朱元璋治贪的手法也并非一味地惩罚，而是奖惩并用。他对为政清廉、安抚百姓的官吏，经常表扬和越级提拔，对清介自持、忠勤不贪的官员，多有旌表，晋级提升，以树立典型。

在这种大力倡导下，明朝之初确实出现过一些洁己爱民的优秀官员，如宁国知府陈灌，他曾在地方设立学堂，聘用教师；访民疾苦，禁止豪强兼并；伐石筑堤，保民田亩；用刑宽恤，安抚百姓。

济宁知府方克勤，在任的三年间，积极开垦荒地，兴办学堂，最终使得一方富足，户口增长数倍。而他自己则衣着布袍，每天只吃一次肉，十年如一日，清廉之极。

担任新化县丞的周舟，因廉洁勤政有功，后升为吏部主事。可是在百姓的强烈请求下，朱元璋又把他调回，继续治理地方。

陶后仲在福建任按察使时，治赃吏数十人，尽除宿弊，抚恤军民，朱元璋下令表彰他。

又如某官向河南按察司佥事王平行贿，王平将他抓起来送审。朱元璋得知后，嘉奖了王平，提拔他任都察院左佥都御史。

对于善始善终的循吏清官，朱元璋给予厚赏，并为他们修建府第；他们寿终时，朱元璋亲自写祭文，以彰其德；还将廉吏、清官的事迹列入《彰善榜》和《圣政记》。

正因为朱元璋倡廉惩贪，明朝初期涌现出了一批像陶安、陶后仲、郑士元、方克勤那样的清官，使明初政治清明，一度深得民众的拥护。

如此看来，受到百姓爱戴的清廉自律的官员在当时有不少。但是，在国家草创之下，也并非一贯如此，在朝的许多官吏中，仍有人恶习不改，贪赃害民，为非作歹，最终激起百姓反抗。朱元璋当然不会对这种行为置之不理，他毫不留情地将其严厉惩处。

据史书记载，明代考察的制度里有八项最为重要，贪、酷、浮躁、不及、老、病、罢、不谨，而这八项是在太祖身后约一个世纪的时间里才逐步建立完善起来的。朱元璋在世的时候，主要以贪和酷这两条来整顿吏治，重点惩治那些狂妄之徒。

在倡导清廉、树立典型的同时，朱元璋采取严厉的法令惩罚贪官。

洪武二年（1369 年），朱元璋下政令："今法令森严，凡遇官吏贪污蠹害百姓，重判，绝不宽恕。"政令一下，当平日较为廉洁的官吏犯有别的过失时，他有时还宽恕，而对贪酷之徒，朱元璋绝不手软，即使其贪污受贿的数额不大，也决不轻易放过。

朱元璋惩治官吏贪酷的办法多种多样，罢官只是其中的一种手段而已，严刑峻法的制裁才真正令人心惊胆战。前面已经说过，朱元璋的军旅正在缺粮之时，他曾禁止酿酒。人将胡大海之子违犯了禁令，他完全不顾胡大海正在前方浴血奋战，冒着将领临敌背叛的危险，也要严格执法，竟手刃了胡大海之子。可以说，正是因为他的执法严明，才使得他成功剪灭群雄，最终登上了皇帝的宝座。朱元璋抱定治理乱世，要用重刑的主旨，决心整顿吏治、肃清贪污。官吏贪污 60 两银子以上的枭首示众，并处以剥皮之刑。当时的府、州、县衙门左边的土地庙，就是剥皮的刑场，所以老百姓又称土地庙为"皮场庙"。在官府大堂公座旁，摆着填满稻草的人皮囊，这让在任官吏时时刻刻心惊胆战，他们在威慑下不敢贪污祸害百姓。一时朝廷内外官吏无不奉公畏法。刑法之酷烈，这在中国的古代王朝中并不多见。

朱元璋对贪官污吏惩处严厉可从《大明律》中得到一些线索，《大明律》中规定："受财枉法者，一贯以下杖七十，每五贯加一等，至八十贯绞；受财不枉法者，一贯以下杖六十，每五贯加一等，至一百二十贯杖一百，流三千里；监守自盗仓库钱、粮、物，不分首从，并赃论罪，在右小臂上刺盗官钱（粮、物）三个字，一贯以下杖八十，至四十贯斩。"朱元璋对监察官员贪污受贿的处刑更重："凡风宪官吏受财及于所按治去处求索、借贷人财物，若卖买多取价利，乃受馈送之类，各加其余官吏罪二等。"同时还规定："官吏宿娼，罪亚杀人一等，虽遇赦，终身弗叙。"

明初刑罚的残酷程度，超过了以往的任何朝代。《唐律》已废止了古代墨、劓、剕、宫、大辟五刑，而代之以笞、杖、徒、流、死（斩、绞）五刑。《大明律》除规定以上后五种刑罚外，还动用了残酷的凌迟、黥刺、挑膝盖、刴指、刖足、剕、劓、阉割、锡蛇游、刷洗、枭令、称竿、抽肠、剥皮等酷刑，并经常使用连坐族诛之刑，株连三族、九族。由于惩处过于严酷，朱元璋又创造了一个"奇迹"。那就是从洪武元年（1368年）至洪武十九年（1386年），竟然没有一位官员做到任期期满的，往往未及终考就遭到贬黜或被杀头。由于斩杀或罢免的官员太多，以致有些地方的衙门出现无人办公的现象。最后，朱元璋又不得不实行另一种叫作"戴死罪、徒流还职"的制度，让这些判刑后的犯罪官吏，戴着镣铐回到公堂继续办公，将功补过。

而在另一部法典《大诰》中，他还规定，凡各级官吏违背朝廷令旨，科敛扰民，或者互相勾结，包揽词讼，教唆害民的，百姓可以联名到京师状奏，带着《大诰》进京。文中特别提到，百姓甚至可把损人利己的官吏绑缚到京师。各地官府不得阻拦进京面奏的百姓，胆敢有阻拦者，无论是官是民统统都要被族诛。这一规定的出台，使朱元璋成功地借助了民间力量惩治那些不法官吏，迫使官吏从善治国。允许百姓告官，无疑使百姓成为保持官员廉洁的最强制约力，这在中国的历史上实属罕见。

但是，即使是这样的严刑酷法，仍然有人敢顶风作案。最具代表性是洪武年间发生的两桩大案。

空印案发生在洪武十五年（1382 年）。由于当时明朝政府规定，各布政使司、府、州、县每年都要派官吏到户部报告地方财政收支账目，经户部审核，数字完全相符，才准许报销结账。如有不符，表册就要驳回，重新造册。但是这里有一个非常现实的问题，全国各地的布政司和府、州、县距离京师远近不一，三四千里有之，六七千里以外的也有之，因此有时就会出现重新造册时，加盖原衙门印信需要很长时间的现象。有些官员为了避免麻烦，省去往返在路上的时间，他们把表册事先盖上官印，以便遇到户部挑出差错，驳回文册时，就可随时填用。

朱元璋偶然得知此事后，他怀疑这里面肯定有人钻空子，企图用此种手段来作弊，欺瞒自己。于是龙颜大怒，一气之下把户部尚书、各地衙门掌印官全部处死，副职以下官杖刑一百，发配地方。在这桩大案中牵连被杀、被戍的官员总数在数百以上，以致多少无辜的人不是流离失所，就是成了孤魂野鬼！

郭桓案发生在洪武十八年（1385 年）。郭桓是户部侍郎。御史余敏、丁廷举告发北平布政使司李彧、按察使司赵全德等人勾结户部侍郎郭桓等营私舞弊、侵盗官粮，朱元璋紧急下令追查此事。

经过一番审讯之后，案情有了重大的突破，查明郭桓等人在收受浙西秋粮时，确实有 190 万石米被卖掉，但所卖得的银两并没有上交国库。郭桓接受了浙西等四府贿赂的 50 万贯钞。同时，他串通承运库官范朝宗偷盗金银，勾结广惠库官张裕擅自支取 600 万贯钞。除去盗取库中宝钞、金银以外，他盗卖库存和未入库的税粮，以及鱼盐各种税收，共折 2400 多万石。贪污数额之大，罪行之严重，牵连官员如此众多，朱元璋又要大开杀戒了。

朱元璋先下令把和此事有牵连的礼部尚书赵瑁、刑部尚书王惠迪、兵部侍郎王志、工部侍郎麦至德等全部斩首，并把六部左右侍郎以下全部处死，追缴赃粮 700 万石。案件供词中所提到的各布政司官吏，也均被处死。这次株连被杀的人数又达到了万人之多。

这桩严重的大案，株连之广，令朱元璋气愤难平，惩治贪官污吏的制度已经实行十几年了，可眼前还在发生如此之大的案件，实在令人心寒。他曾感叹官员"任用既久，俱系奸贪"，更曾对"我欲除尽贪赃官吏，奈何朝杀而暮犯"的状况大惑不解。一时怒起，于是下令："今后犯有贪赃罪的，不分轻重全部杀尽。"

尽管朱元璋在惩治贪官污吏上，存在着严重的偏差，但是，确实也收到了较大的成效。经过长期的严酷斗争，一大批腐败的官员遭到惩处和打击，官场风气逐渐发生变化，明初吏治日趋清明，一代风气得以整肃。

朱元璋积极地实行严刑峻法，起到了令朝廷内外官员重足屏息的作用，在重法治贪的措施下，明初的吏治大为好转，巩固了刚刚建立的政权。但是，由于贪污腐败是封建专制的顽疾，朱元璋的措施也只能起到"治标不治本"的作用。

通过神话自己、重用人才、废除丞相、设置内阁、重典肃贪等措施，朱元璋顺利地把皇权独揽在自己手中。大明朝建国初期政权稳定，皇权集中。

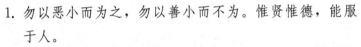

名人名言·道德

1. 勿以恶小而为之，勿以善小而不为。惟贤惟德，能服
　于人。

——〔三国〕刘　备

2. 君子喻于义，小人喻于利。

——〔春秋〕孔　子

3. 心灵纯洁的人，生活充满甜蜜和喜悦。

——［俄］列夫·托尔斯泰

4. 如果道德败坏了，趣味也必然会堕落。

——［法］狄德罗

5. 人类是唯一会脸红的动物，或是唯一该脸红的动物。

——［美］马克·吐温

6. 敬人者，人恒敬之；爱人者，人恒爱之。

——〔战国〕孟　子

7. 嫉妒是心灵的肿瘤。

——艾　青

8. 人生有七尺之形，死为一棺之土。惟德扬名，可以不
　朽。

——〔三国〕曹　丕

9. 良心是一种根据道德准则来判断自己的本能，它不只
　是一种能力，它是一种本能。

——［德］康　德

10. 道德当身，不以物惑。

——〔春秋〕管　仲

第六章

Zhu Yuanzhang

为子孙削刺

人生有两出悲剧：一是万念俱灰，另一是踌躇满志。

——［英］萧伯纳

▶ 特务政治

重用特务为其政治经济军事服务，监视控制危险分子，监听臣属幕僚的言行举止，发现纠举子民的危险倾向，这是朱元璋政治的一大特色。由检校到锦衣卫，特务网络遍布全国，特务组织日益完善，特务活动异常活跃。

随着和平时代的到来，马上夺天下的历史任务已经基本完成，下马治天下的日子已经开始。但是跟随朱元璋打仗多年的一些淮西将领中普遍滋生出一种居功自傲的态度。为了控制功臣，朱元璋运用特务监控的手段。

朱元璋并不想与自己的大臣作对，他常常从和平共处的角度出发，尽量和他们保持一种和善的君臣关系。在明朝建立的初期，朱元璋常常念及这些追随自己多年的旧臣曾在战争中立下汗马功劳，将他们一个个封官晋爵，让他们享受富贵荣华。

朱元璋还用一条既简单又有效的维护统治的传统方式，那便是与老臣们联姻，以姻缘关系来笼络政治势力、巩固统治。

朱元璋的儿女很多，为了能够拉拢这些出生入死的将领，他很自然地用到了联姻这一招。他把那些大将们的女儿许配给自己的儿子，又把自己的女儿嫁给那些将领们的儿子。通过这样一个庞大的姻亲网使这些将领和自己结成了一个政治同盟。而对于那些战功赫赫的将领们来说，能够与皇帝攀上了亲戚自然也是好事，开国的元勋摇身一变又成了皇亲国戚，心里怎能不美。浑然不觉中，他们大大维护了朱元璋的统治。

如果仅仅是这样，大明朝也就该风平浪静了。可是偏偏出现了一些事，不得不让朱元璋改变自己以往的看法。

朱元璋在江南称吴王的时候，就曾发生过大将平章邵荣与参政赵继祖、元帅宋国兴谋反的事，虽然后来宋国兴害怕事情败露而自首，使朱元璋从这场阴谋中侥幸逃脱，但是他由此对这些将领们产生了戒心。当初，邵荣、赵继祖都是跟随自己渡江的淮西老臣，在自己最危难的时刻前来投奔，竟说反就反了，这叫朱元璋难以承受。虽说邵荣、赵继祖的谋反事出有因，但是毕竟人心隔肚皮，谁也不知道别人到底在想些什么。战争期间，大将经常手握重兵，且离自己很远，不易控制；现在不一样了，这些人都在自己身边，说不定哪一天又反了。朱元璋每想到这些就后背直冒冷汗，真是叫人防不胜防啊。

朱元璋越是对臣下和民众不放心，就越是想知道他们的动向。于是，在他的控制下形成了一个庞大的情报网。其实这个情报网的雏形在与陈友谅争战时期就已经有了，当时的朱元璋就曾派自己的卫士去搞侦察活动，现在要用这一招来对付自己的人了。

在获取情报的途径上，有时朱元璋甚至亲自出马。其中一个重要的手段就是事先不打招呼，进行突击检查。为了显示自己的高明，同时也为了告诫大臣一定要对他忠心耿耿、说老实话，朱元璋有时候特意向臣僚们提出一些质询，看他们究竟是否做到了实话实说，如果能直言无隐，便当面褒奖；如果是撒谎的话，则会面临种种不测。

有一个弘文馆老学士，姓罗，名复仁，为人一向质朴节俭。朱元璋见到他常常开玩笑地叫他"老实罗"，从不直呼其名。多疑的朱元璋就是连这样一个老实巴交的人也不放过。有一天，他突然造访罗家。罗学士家住在城外的一条小巷子里，两间茅草房破旧不堪。当朱元璋走进屋子里时，罗复仁还正在梯子上粉刷墙壁呢。朱元璋这才相信原来自己身边的大臣还真有这么清贫的，随即奖励罗复仁一套大宅邸。

还有一次，他杀了徐达的妻子张氏，徐达因忧惧而一病不起。

朱元璋听说徐达不上早朝，是因为病倒了，他对此产生了怀疑，是不是这徐达在搞什么阴谋？他想看个究竟，又担心别人的探察可能会愚弄欺骗，因此决定微服简从亲自走一遭。他来到徐府后，不准家丁通报，并让家丁领路，直奔徐达卧室。皇上的突然驾到，实在出乎徐达的意料。徐达见到皇上后，立即慌慌张张地从病床上起来准备下跪行大礼。朱元璋见徐达确实病得不轻，这才打消了心中的疑惑。

仅仅靠自己一个人收集情报是远远不够的，朱元璋还动用了大量的非常规方法和秘密手段。

监察机关原来是御史台，洪武十五年（1382年）改为都察院，长官是左右都御史，下有监察御史百十人，分掌十二道。其职权就是纠劾百司，辨明冤情，凡大臣奸邪，小人构党，作威乱政，百官贪污舞弊，学术不正和变乱祖宗制度的，他人都可随时举发弹劾。而都察院的官吏们无疑就成了皇上的耳目，该不该听的，该不该看的，统统收集整理，只要是对皇权不利的，就随时向皇帝报告。皇帝把他们看作是自己的鹰犬，帮助他监视一切不忠的官民。监察御史可以说是最威风的一个差使了，监视各个不同的官僚机构，派到地方的有巡按、提督学校、巡监、茶马、监军等，大事奏裁，小事立断。

都察院不仅仅针对官吏，也同样针对老百姓。明朝建立后，朱元璋制定了路引制度，相当于现在的护照。有了它，老白姓就可以到处走到处转；而没有它，老百姓就只能被圈在出生地动不了。要钳制百姓，仅仅这样是不够的，还要靠里甲制度。洪武十九年（1386年），朱元璋要百姓互相"知丁"，也就是监视。一人犯法，邻里连坐；出差在外，旅馆检查。

路引和里甲制度，使每个人都得接受官府的调查、监视、密访。与此同时，一个庞大的特务机构正在建立。这个机构就是锦衣卫，它负责侦查和刑讯工作。

特务组织无孔不入，对官员和百姓起到了极大的牵制作用，令人感到窒息。文官武将的所作所为，都逃不过他们的鹰眼犬鼻。锦衣卫对京城一些大臣的监视程度，甚至细微到了他们的家庭琐事。

有一次，学士宋濂上朝，朱元璋问他在家喝酒没有，客人是谁，吃的什么菜。宋濂照实说了，朱元璋才满意地说："对，你没有欺骗我。"说毕，拿出一张锦衣卫在监视中绘制的宴席座次图给宋濂看，结果把宋濂吓出了一身冷汗。

浙江绍兴七十余岁的老儒生钱宰被征到京城编书，由于年老力衰，长期精神疲倦，一天突然感慨道："四鼓咚咚起着衣，午门朝见尚嫌迟；何时得遂田园乐，睡到人间饭熟时。"第二天，文华殿赐宴。朱元璋对钱宰说："昨天作的诗很好。可是，我何尝嫌你，'嫌'字何不换成'忧'字呢？"钱宰吓黄了脸，忙跪下谢罪。

在一般人心目中，僧道、方士是已经忘却俗尘、万物皆空的人，是绝不可能干特务这一肮脏勾当的，朱元璋恰好利用了人们这种心理定势，利用僧道、方士的有利身份，以图达到刺探情报而又使人难以察觉的目的。据史书记载，当时有钟山僧人吴印、华克勤等人，都还俗做了官，充当皇帝耳目，报告外间私人行止。后来他们又对刘基、徐达、李善长、周德兴等人大肆诽谤，无恶不作。

山西按察副使张孟兼与朱元璋派去的钟山僧人吴印共事，张孟兼一不小心顶撞了吴印，朱元璋为此大怒，他认为顶撞了吴印就是顶撞了自己，不尊敬自己。所以朱元璋将张孟兼活活地打死了。

朱元璋还建立了"奴军"。"奴军"别名"铁册军"，按公侯等级赐予十多人至百人不等，名义上是服侍、护卫各个公侯将领的，实际上就是监视这些长期不在皇帝身边的大臣。大臣的一举一动，随时随地向他报告。如此多种的特务勾当应该让朱元璋放心了吧？不，仅仅这些还不够，他还要调动一切的因素，帮他收集情报、监视臣下。

在战争中，为了彼此提防，广布耳目，朱元璋收了许多义子。这些为他出生入死的义子们现在又可以为养父效力了。朱元璋把他们派到全国各地与那些将领们同坐江山，并且随时把各将领的情况报告给他。

朱元璋儿时的朋友汤和应该是他的亲信了。汤和在守常州的时候，曾为一点儿小事向朱元璋请示。可是话不投机半句多，他的请示被朱元璋无情地驳回了。回到家里，汤和闷闷不乐，借酒消愁。酒醉后的他说道："我汤某镇守在这里，就像坐在自家屋脊上，想往东倒就往东倒，想往西倒就往西倒，你能奈我何！"这酒后的胡言竟也被义子们报到了朱元璋那里。俗话讲"酒后吐真言"，但是朱元璋当时急需用人，再说汤和也没把他怎么样，所以并没有治他的罪。不过经此一事，朱元璋开始对汤和另眼相看了。

朱元璋还曾想到了"鹬蚌相争，渔翁得利"这一招。他在朝中众臣中物色耳目，让他们互相监视，以便于自己的控制。

杨宪是在朱元璋攻克南京时投奔而来的，朱元璋见他聪明机智，就让他做监视将帅的检校。杨宪后来与张昶结为好友，经常在一起谈诗论画。而张昶是元朝的户部尚书，后来投降朱元璋，任参政一职。由于张昶博学多识，能力过人，经常使杨宪妒意大发，后来杨宪竟悄悄地派人跟踪他。有一次，张昶向杨宪倾诉道："我如能回到元朝的天下，仍不失富贵。"又说："我是元朝的旧臣，虽说人是留在这里，可是我实在思念我的故乡、亲人啊。"这些话不久便传到了朱元璋的耳朵里，最后张昶被杀了。

朱元璋本人对检校并无好感，并喻之为"恶狗"。到洪武十五年（1382年），为了适应大规模的清洗需要，特设锦衣卫，把侦伺处刑之权交给武官。锦衣卫前身是吴元年设立的拱卫司。洪武三年（1370年）改为亲军都尉府，统领左、右、前、后、中五卫和仪鸾司，掌管侍卫、法驾卤薄，十五年始改锦衣卫。

锦衣卫设有正三品指挥使一人，从三品同知二人，正四品佥事三人，从四品镇抚二人，正五品十四所千户十四人，从五品副千户和正六品百户。所统有将军、力士、校尉，执掌直驾侍卫巡察缉捕。镇抚司分南北，北镇抚司专理诏狱。

直驾侍卫只是形式上的职务，巡查缉捕才是工作的重心，凡是"不轨妖言"，都在缉捕巡查之列。所谓"不轨"实指政治上的反对派，"妖言"实指不满现状要求改革的宗教团体，尤其是弥勒白莲和明教等。因为朱元璋从红军出身，当初也喊过"弥勒降生""明王出世"的口号，非常明白宗教教义的号召力，更清楚聚众结社对政权统治的威胁。对于那些并肩百战骁悍不驯的将军们，还有一群出身豪室有地方势力有社会声望的文臣，他想，自己百年之后，忠厚仁义的皇太子怎么对付得了？到太子死后，皇太孙比他父亲更不中用，成天和腐儒们坐而论道，根本不是驾驭群雄的角色。为了替儿孙斩除荆棘，扫清障碍，朱元璋借用特务机构，有目的有步骤地对文臣武将实施大规模清洗。

到洪武二十年（1387年），文武大臣和其他有威胁的人物被杀得差不多了，朱元璋以为从此可以高枕无忧，下令焚毁锦衣卫刑具，把犯人移交刑部，把锦衣卫指挥使也杀了，卸脱了残暴屠杀的责任，表示从此以后要实现法治。六年后，胡党、蓝党都已杀完，朱元璋才大大松了一口气，又下令以后一切案件都由朝廷司法处理，内外刑狱讼事不再经由锦衣卫。但是锦衣卫组织机构并未撤销，在明王朝的统治中仍然占有举足轻重的地位。

通过强有力的监控手段，朱元璋基本上掌控了功勋大臣们的言行举止。当朝中大臣们得知自己身边竟有如此之多皇上的耳目，没有一个不心惊胆战，如履薄冰的。

▶ 廷杖制度

朱元璋做皇帝以后，残忍、专权的一面日益暴露。其中一个极端的例子就是廷杖制度——对犯错的大臣当庭施以杖刑。

廷杖其实并非始于朱元璋，他不过是把别的皇帝偶尔为之的事，变得成为惯例乃至制度了。他虽有不少创新，但也离不开前人的肩膀。《历代刑法考》列举史实说，东汉光武帝责罚丁邯，用的是头号大杖；东汉明帝时九卿常被鞭杖；隋文帝经常在殿廷杖责大臣，有时一天竟有三四次；唐玄宗时，曾在朝堂杖责监察御史蒋挺和秘书监姜皎等。

说起来，廷杖其实是杖刑的一种特殊情形，不是谁想享受就能享受，有级别限制。一般草民如果遭了杖刑，不管被打得多厉害，也不能与"廷杖"挂钩。不配的原因挺简单，廷杖的对象是大臣，老百姓怎能混同于官宦？至于皇帝为什么发明廷杖，估计就是用事实告诉大臣，我是主子，我有生杀予夺之权，打人是小菜一碟，想怎么打就怎么打，你们别惹我发火。

这一招挺绝，既无情打击了肉体，又在精神上矮化了臣子，威慑了官吏。自从盘古的子孙建立上下级后，臣子说话办事便不由自主分成了这么几类，一是不怕死的，仍旧说真话；二是会说假话也会说真话，总之只说皇帝爱听的话；三是只会说"今天天气不错"；四是先穿靴戴帽讲逢迎话，也就是先大讲皇帝如何圣明，末尾说一点有用的话；五是专讲阿谀奉迎的话。

洪武八年（1375 年），茹太素上疏奏事，言词有所触犯，朱元璋大怒，把茹太素叫来当面责问，并在朝堂施用杖刑。据《礼部志稿》讲，茹太素的奏折有一万七千余字，朱元璋令人诵读，读到六千多字还不知所云。朱元璋发火了，于是茹太素挨了打。其实真情不一定如此。《明史》曰，茹太素"陈时务累万言，太祖令中书郎王敏诵而听之。中言：'才能之士，数年来幸存者百无一二，今所任率迂儒俗吏。'言多忤触。帝怒，召太素面诘，杖于朝。"实际上，茹太素奏折中"才能之士，数年来幸存者百无一二，今所任率迂儒俗吏"之语，才是朱元璋发怒的真正原因，也是导致茹太素本人被打的根源。对统治者而言，茹太素那几句话太刺耳也太深刻了，如果我们把它转换为白话，大体为"几年来，有才能的人侥幸留下来的，不到百分之一二，现在使用的都是迂腐的人"。这还得了？朱元璋岂能容忍！

茹太素性情刚直，说话不曲里拐弯，被治罪并不奇怪。据说有一次宴会，明太祖给茹太素赐酒并赋诗："金杯同汝饮，白刃不相饶。"茹太素俯首叩谢，按原韵续句对答说："丹诚图报国，不避圣心焦。"太祖听了此句作何感想，我们不得而知。总之，过了不久，茹太素被贬谪，后来就被处死了。

茹太素的奏折可能有不少大话、空话，但那绝不是打打屁股就可以杜绝的。文字只是表达思维的工具，朱元璋非常喜欢别人歌功颂德，文章短了恐怕不行。不改变社会环境，任何人都会去写穿靴戴帽的长文。《资治通鉴》中记述了忠臣、直臣如魏徵的一些奏章，那些文字中表现莺歌燕舞的就很不少。

着眼于对臣下的震慑作用，使臣子失去尊严，树立皇帝的权威，才是朱元璋的真正目的。

自茹太素去世以后，大臣的奏折有什么变化，鲜有人去研究。猜想，那是个枯燥而又充满趣味的过程。朱元璋杀了这个又廷杖那个的举动，对整个明朝有很深刻的影响，敢于像茹太素那样直指朱元璋用人缺失的人太少了。中国的知识分子越来越唯唯诺诺，民众的思想越来越僵化保守，封建王朝只能一代不如一代了。

封建帝制的专制程度到明代日益深刻，秦汉所创的制度，在

坏的方面也可说已发展到了极端。皇帝根本不承认一般臣民人格的存在。

明初对文人尤其对功臣的大量屠戮更是酿成许多千古未有的惨案。明朝文字狱盛行，很多人以文取祸。如浙江府学教授林元亮，在上表中有"作则垂宪"的话，便被诛杀，因为"则"与"贼"音近，有讥讽朱元璋早年"做贼"之嫌。杀人最多的当数"胡蓝之狱"。朱元璋借口丞相胡惟庸与大将蓝玉谋反，大肆株连杀戮功臣宿将，受牵连而死者四万五千余人，几乎将明初的开国功臣诛杀殆尽。但最不人道的还要推明成祖对待建文遗臣的方法，朱棣夺权成功后，将齐泰、黄子澄等建文朝臣五十余人全部族诛，妻女发教坊司，即充为官妓，姻亲全部流放戍边。

只有一个已经堕入难以自拔的深渊中的民族能够想象同时又能容忍这种方法。

总之，明朝的专制极权发展到令人发指的地步。朱元璋的残忍、专权，使社会空气十分凝重，令人窒息。

 大杀功臣

一天，朱元璋把太子朱标叫来，指着地上一条长满刺的荆棘，叫朱标拣起来。朱标看着长满刺的荆棘，不知该从何下手。朱元璋说："这根荆条有刺，你不能拿，我削光了再给你，难道不好吗？"

朱元璋用这个比喻，说出了自己实行残酷的高压政策，不仅是为了维护自己的统治，也是为了他的继承者将来能稳坐皇帝的宝座。

明朝建立后，一批跟随朱元璋打天下的起义将领成为公卿将

相。这些权力暴发户一旦手握权柄，就权欲膨胀，奢求无限的自由和绝对的特权。朱元璋大杀功臣，确实残忍，但如果不这样，大局就很难在他手中控制了。

朱元璋在明朝建立以后非常注重对权力的把握，他煞费苦心地设计了一套制度，就是将军队分交多个机构进行管理，各机构间互相牵制，任何部门都不能单独使用军队。这样便从制度上防止了个人、部门对军队的控制，使军权集中于皇帝一人手上。然后便废三司、废除丞相制度，等等，仅仅这些他还嫌不够，他还要把身边这些大臣手中的权力重新夺回来。

环境变了，形势也要相应改变，统治者的治国宁人的政策也要发生变化了。那些曾经追随朱元璋打天下的开国功臣仅有几个得以善终。

开国大将汤和无疑是比较识实务的，他知道权力本应该是属于皇帝，由于战争的原因，这些权力被分散到他们各个将领们手中，但是战争一旦结束，就应该解甲归田，把这些权力再还回皇帝。所以当汤和向朱元璋提出辞呈时，朱元璋显得很高兴，给汤和盖了一座大府院，还给他很多的赏赐作为慰劳。

这里，朱元璋似乎是给大臣们传达了一个信息，只要你们能乖乖把手中的权力交出来，就可以得到相应回报。朱元璋这时还比较有人情味，对于这些开国功臣们还可以给一些恩赐，免得被天下人笑话，说他只能共患难，不能共富贵，做人没有气量。

然而，并不是所有的大臣都明白这个道理，他们出于种种原因，不仅不愿交出手中的权力，反而还想得到更多更大的权力，他们往往这样想，自己辛辛苦苦打下江山，理应享得这份荣华富贵，现在你朱元璋做了皇帝，就不想要我们了，我们可不吃卸磨杀驴、过河拆桥这一套。其中有些人慢慢地开始作威作福、欺行霸市。这些人的一系列举动令朱元璋极为不满，这不又成了元朝政府那种昏庸无道的行为了吗？因此，当朱元璋发现大臣们对自己的"仁慈"置之不理的时候，便硬下心肠，开始对大臣们实行清洗。

李善长乃开国第一功臣，曾被朱元璋比作萧何。这个老资格的谋臣兼后方调度总管，城府深，德高望重，但是绝无反叛之心。但是朱元璋嫌他与淮西武人集团有着太深的关系。李善长以文人长者和军师身份活动于朱元璋的大军之中，且善于协调诸将，这让朱元璋感到担心。况且，他是开

大杀功臣

国勋臣之首，地位甚至在大将徐达、常遇春之上，这样一个危险的人物，自己怎么能够容忍他呢？考虑到他潜在的势力与威胁，朱元璋决定一点一点地削弱他的势力，免得打草惊蛇，坏了自己的大事。于是，他先罢了李善长的相位，在安抚和震慑的交相作用下，只是给他一个空有其名的虚位，然后让他打理一些琐碎低级之事。李善长因此而抑郁怨愤，他也明白朱元璋这样做的用意，所以办事尽量做到小心谨慎。可最终，还是被朱元璋抓到了把柄给杀掉了。

朱元璋对功臣并非一味狂杀，而是讲究有步骤、有顺序地进行。功臣一个个被推上断头台，台上、台下的人都不敢也无力对抗，只能等死。明朝建立时，朱元璋实行文武并贵的策略，甚至文人做大官的更多，这是因为草创制度更依赖文臣，武将们自然不满。但不久，他们发现，皇帝的政策暗中做了调整，变成了佑武轻文。每当处理大狱时，皇帝总是性情狂暴。但这个时候，他又表现出少有的冷静，总是步骤清晰，层次分明，能断能忍。武将们发现在胡惟庸一案中，凡是牵涉中书省及各部院衙门的，都被他一概杀戮，而凡是涉及武将谋反的，他不管信与不信，却一概宽宥了。很快，攀咬武人的口供越来越少了，武将们紧张的情

绪渐渐平定下来。因为朱元璋此时要解决的首要问题是中书省和中书丞相的问题。其间的一切布置都紧紧围绕这个中心。

当中书省和丞相的问题解决后，武将的问题就被放在案板上了。武将因掌握兵权，更受疑忌，不是不杀，而是时辰未到。朱元璋就是凭着权变的手腕统御部下的，打击了敌人，保全了自己。

中书左丞相胡惟庸一案，受株连而被杀的达三万多人，甚至连七十七岁的老太师李善长全家也被杀害。又如洪武二十六年（1393年）二月，大将军蓝玉因为功大自傲被杀，不仅被抄斩三族，而且株连15000人，最后军中的骁勇将领差不多被杀干净了。

谋士刘基是辅佐朱元璋成就大业的重要人物之一，有不赏之功。明朝建立后，他为了不受人猜忌，又远权避谤，但在朱元璋眼里刘基是一个神秘人物。他既然能以这种神妙的术数辅佐我朱元璋，那为什么不可以为自己着想呢？俗话说"人不为己，天诛地灭"，还是灭之以绝后患吧！

当时年过花甲的刘基老态龙钟，疾病缠身，与刘基有过节的宰相胡惟庸假意前去探望。朱元璋知道后，就命胡惟庸携御医前去为刘基治疗。可是当刘基吃了御医的药后，顿时觉得腹中不适，心下疑惑，后来他把这个情况告诉了朱元璋，说："自从上回经过胡丞相的御医治疗后，臣如今肚内乃有一块硬结，我隐然感觉身体有些问题，掂量着不好。"意思无非是说胡惟庸可能在药里下了毒，请皇上明察，可是朱元璋却并不理会，一副心不在焉的样子。三个月后，刘基的病还没有好，朱元璋这才派人前去探问，后来听到回报说刘基没有好转的迹象，于是修书一封，叫他回家养病。结果，刘基于洪武八年（1375年）三月抵家，四月十六日因慢性中毒而死，享年65岁。

再说徐达，徐达是武将中功勋最高、声名最为显赫的一位人物。曾是朱元璋儿时一起割草放牛的小伙伴，年龄比朱元璋小三岁，一直是他的兄弟和心腹。徐达为人庄重沉稳，凡有大事必和朱元璋商量，立下大功而从不敢骄横。朱元璋曾称他"昭明乎日月，惟大将军一人而已"。

明朝建立后，徐达在朝中一向谨慎小心行事。但是他的妻子张氏却桀骜不驯，一日在诰命夫人宴上，顶撞了马皇后，后来被朱元璋知道了。他觉得像徐达这种人物更具危险性。为了将其震慑住，朱元璋第二天晚上专门安排了一桌酒宴，招待群臣。酒席间，朱元璋持杯来到徐达面前，说道："牝鸡司晨，家之不祥。现在卿家可以免除赤族之祸了，朕特来向你祝贺。"徐达丈二和尚，摸不着头脑，可是还是赶紧跪下喝了朱元璋手中的酒。宴会结束后，他回到家中一看，张氏已被朱元璋派来的武士杀死了。徐达并没有因为这件事跟朱元璋闹翻，而是忍气吞声默默地承受了下来。可是朱元璋心想，这回徐达肯定把他恨透了，"是可忍，孰不可忍"，徐达连杀妻这种事都能忍得，肯定是有什么不可告人的目的。

洪武十七年（1384 年），徐达生大病，后背长了一个大疮，到了第二年开始慢慢有了好转的迹象。朱元璋表面上很高兴，实际上则是怀恨在心。一天，他把御医叫来，问道："像魏国公这种病最忌什么口？"御医实话实说："忌食蒸鹅。"几天之后，朱元璋便派人给徐达送去了一盒御赐膳食。徐达打开一看，食盒中竟是一只大大的蒸鹅。他知道朱元璋这是想要自己的命，想不到这一天终于到来了，于是二话没说，当着太监的面，把整个蒸鹅全吃了。君叫臣死，臣不得不死。不久，徐达伤口发炎，病重身亡了。

功臣中死得最为惨烈的就要属傅友德了。傅友德早年投奔朱元璋，因其打仗勇猛，深谙兵法，立了不少大的战功，也是第一代封公晋爵之人。在除掉了徐达之后，身边的功臣已经所剩无几了，朱元璋的目光这回投向了傅友德。

傅友德有两个儿子，都英武精明，于是朱元璋就决定先拿他们开刀。洪武二十七年（1494 年）十一月二十九日，朱元璋在一个宴会中，指责傅友德的儿子傅让执行守卫任务时没有按照规定佩带剑囊，生气地说傅让傲慢无礼，叫傅友德把两个儿子叫来问罪。傅友德无奈之下，只得战战兢兢地离开座席，准备去叫家中的二子。可当他走到大殿门口时，卫士们又传旨："请傅大人带二子的首级来见圣上。"

当傅友德提着二子的人头回到酒席间时，朱元璋笑着问道："你现在是不是很恨我？"谁的人心不是肉长的，傅友德再也控制不住自己，对着朱元璋大喊道："你不就是要我父子的人头吗？我这样做，不正遂了你的心愿了吗！"说罢拔剑自刎而死。

在朱元璋眼里，最重要的就是权力和利益，谁要是损害或威胁到了这些，他就会把这些人视为敌人，无论他们是功臣还是亲属。

朱元璋的外甥李文忠，自母亲去世后，就投奔了朱元璋。想当初，年幼的李文忠见朱元璋身着华丽的衣服时，还拉着他的衣襟玩耍，朱元璋看着这苦命的孩子，还曾哽咽地说道："外甥见舅如见娘啊！"

李文忠在军中英勇而多谋，颇有大将风度，为朱元璋立下了赫赫战功。洪武三年（1370 年），大封功臣，李文忠被封为曹国公，是开国六公爵之一，同时出任大都督府左都督。

按说这本是好事，可是由于朱元璋的儿子们都能力平平，没有一个能赶上这个外甥的，这常常使他感到忧心忡忡。后来，朱元璋知道李文忠曾隐瞒过一段欲投降张士诚的历史，对他也起了斩杀之心。真是事事难预料啊，在李文忠孤幼平凡时，朱元璋扶持他，照顾他；在他飞黄腾达之后，又开始猜疑他，排挤他。

洪武十六年（1383 年）十二月，李文忠身患大病。到了第二年初，朱元璋去他家里看望他，李文忠想要向朱元璋坦白那段受降的历史，却被朱元璋制止住了。谁知三天后，这位战功累累的大将便撒手人寰了。消息一传出，满朝震惊，因为谁也不知道他为什么猝死。正在大家猜测之际，给李文忠看病的医生及李文忠的家属一百余口又统统被朱元璋处死了。

最后，朱元璋小时候放牛的伙伴周德兴也被赐死了。随着功臣冯国胜、傅友德、廖永忠、朱亮祖等先后被害，朱元璋这种兔死狗烹、鸟尽弓藏的做法，搞得人人自危。当时甚至出现了这样一种尴尬情形，京官每天早朝之前，先与妻儿诀别，交代后事，傍晚时如能安全归来，便是合家庆幸，庆幸自己又多活了一天。

洪武二十八年（1395年），朱元璋正式颁行《皇明祖训》。这一年朱元璋已是六十八岁的衰翁了。在此之前，桀骜不驯的元功宿将被杀光了，主意多端的文臣被杀绝了，不顺眼的地主豪绅也被杀得差不多了。朱元璋踌躇满志，以为从此可以高枕无忧，皇基永固。这年五月，特别下了一道手令："朕自起兵四十余年，亲理天下庶务，人情善恶真伪，无不涉猎。其中奸顽刁诈之徒，情犯深重，灼然无疑者，特令法外加刑，意在使人知所警惧，不敢轻易犯法。然此特权时措置，顿挫奸顽，非守成之君所用长法。以后嗣君统理天下，止守律与大诰，并不许用黥刺剕劓阉割之刑。臣下敢有奏用此刑者，文武群臣即时劾奏，处以重刑。"

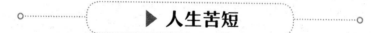

▶ 人生苦短

为了控制和确保皇权掌握在自己的子孙手中，使朱氏的江山不变颜色，在洪武二十五年（1392年）太子朱标病死后，朱元璋立长孙朱允炆为皇太孙，为了保护小皇孙，朱元璋强化皇权的心理显得更加的迫切了。他不但先后对李善长、刘基这些文武大臣们动手，就是对自己的嫔妃们也不放心。

洪武三十年（1397年），由于长期的劳累，积劳成疾，朱元璋在这一年十二月一病不起了，他看到自己的身体状况越来越差，唯一担心的就是汉朝刘邦死后吕后专权的一幕在自己的后宫里上演。他尤其担心的是后宫里那个非常精明，且做事颇有心计的李淑妃，他认为必须把她除掉才能保住朱家的江山社稷。于是，在拿定主意后，朱元璋便在宫殿里摆了一桌宴席，还派人把李淑妃的两个哥哥找来。当李淑妃来到时，朱元璋拉着她的手说道："你跟随我有十二年了，这些年来也吃不了少苦，你与你的哥哥也很长时间没有见面了，现在你的两个哥哥来了，你快去和他们见见面吧，也算尽骨肉之情。"

李淑妃果然聪明异常，一听便知道自己的死期到了，对朱元璋跪拜后，说道："陛下的意思，我明白了，死就死吧，还叫我见什么兄长，徒增伤心。"回到宫里后，李淑妃就上吊自杀了。李淑妃是皇长孙的亲祖母，太子朱标的亲生母亲，曾经是朱元璋最宠爱的人之一。对于这样的人，朱元璋都能下此毒手，就更别说那些外姓的大臣了。

朱元璋借助这些手段，基本上已经把对皇权构成威胁的人全部清除了，这当中有自己的旧部，也有一些在夺取了江南之后来投的江南文人，当然也包括自己身边的一些嫔妃。尽管如此，朱元璋还是对权力的集中强化控制感到不放心。为此，洪武三十一年（1398 年），朱元璋再次下令，命凡是自己的嫔妃要一律为自己殉葬，只留下张美人抚养 4 岁的小公主。

朱元璋的这种举动无疑揭示了封建专制集权制度草菅人命的本质，功臣在权力斗争中最终成了君权为重的牺牲品。尽管朱元璋一心想为自己的后人留下一个比较容易控制的局面，为他所钦定的接班人交递一个容易拿起来的"荆棘"时，他却犯了一个致命的错误，那就是在消灭和抑制一个集团的同时，又造就了另外一个集团——藩王，这个集团比起他所诛杀的集团来讲，更有分散皇权的危险。

朱元璋为了使江山永固，恢复了周代的分封制度，将自己的儿子分封到全国各地，并且统领军队，以北方的九个边塞藩王统兵最多，朱棣即为其一。朱元璋晚年时，诸王的兵权也越来越大，尤以燕王朱棣、宁王朱权为最。皇太孙朱允炆曾经忧虑，一旦祖

父驾崩，自已如何来制约这些手握重兵的叔叔。明太祖死后只有四年，朱允炆政权就被四叔朱棣推翻，而且朱棣一上台，就消除了藩王的兵权，藩王们"一旦盗起，无以御侮，徒手就戮"。这是朱元璋分封之初所未能料到的。

朱元璋戎马倥偬半生，从贫穷和苦难中投身军营，通过军功建立起自己的政权。朱元璋力敌南方起义军在先，灭元朝于后，力挽狂澜于乱世，体现了他强大的军事指挥能力。他在遗嘱中说："朕膺天命三十一年，忧危积心，日勤不怠，务有益于民。奈起自寒微，无古人之博知，好善恶恶，不及远矣。""忧危积心，日勤不怠"八个字写出了他辛勤的一生，也写出了他在统治阶级内部激烈斗争中的心境。

朱元璋诛杀功臣、提防嫔妃等措施未能起到长治久安的目的，他分封在各地的藩王为皇位的传承埋下了隐患。

到洪武三十一年（1398年），朱元璋已经七十一岁了。由于身体的极度衰弱，精神的过分紧张，五月间，他竟一病不起，动弹不得。尽管请尽天下名医，用尽万般药方，朱元璋的病情不但无好转，反而一天一天地恶化下去。

回想朱元璋这一生，出身穷苦，白手起家而与群雄逐鹿，定鼎天下，为朱氏子孙挣下这份万世不朽的基业，足以光宗耀祖，名垂青史；儿孙们经过悉心培养，严厉督导，都已长大成人，足以独当一面，并将这份家业发扬光大，尽可释然无忧；至于这份家业能保几世几代，遥遥冥冥，殆非人测，造化自有安排，虑之无奈；唯有这一生，疑心太大，用法过严，杀气太重，冤孽太多，这人世间的皇帝可做不了冥司里的阎罗，黄泉路上凄凄惨惨、孤孤单单、冷冷清清。

就这样，大明王朝的缔造者，告别了他所手创的帝国，离开了他所寄予重望的继承人和满面笑容的臣民，结束了他一生的恩恩怨怨，了却了许多是是非非。忍受了三十多天的疾病折磨，朱元璋虽贵为"万岁"，但像他所统治的千千万万平民百姓一样，仍

第六章　为子孙削刺

无法抗拒生老病死的自然法理而寿终正寝了。时在洪武三十一年（1398 年）闰五月乙酉，终年七十一岁。

朱元璋死后，遵照其遗嘱，丧事一切从简："长祭仪物，毋用金玉，孝陵山川因其故，毋改作。天下臣民，哭临三日，皆释服，毋妨嫁娶。诸王临国中，毋至京师。"谥号高皇帝，庙号太祖。永乐元年，又谥圣神文武钦明启运俊德功成统天大孝高皇帝。嘉靖十七年（1538 年）增谥开天行道肇纪立极大圣至神仁文义武俊德成功高皇帝。

名人名言·实践

1. 纸上得来终觉浅，绝知此事要躬行。

——〔南宋〕陆　游

2. 临渊羡鱼，不如退而结网。

——〔东汉〕班　固

3. 实践是检验真理的唯一标准。

——邓小平

4. 耳闻之不如目见之，目见之不如足践之。

——〔西汉〕刘　向

5. 知识是宝库，但开启这个宝库的钥匙是实践。

——［英］富　勒

6. 要成就一件大事业，必须从小事做起。

——［苏联］列　宁

7. 有知识的人不实践，等于一只蜜蜂不酿蜜。

——［伊朗］萨　迪

8. 应该记住，我们的事业，需要的是手，而不是嘴。

——童第周

9. 每个人都知道，把语言化为行动，比把行动化为语言困难得多。

——［苏联］高尔基

名人年谱

朱元璋

元天顺帝天顺元年（1328 年）九月丁丑，朱元璋出生于濠州钟离（今安徽凤阳）一个贫苦农民家庭。

至正四年（1344 年），十七岁，春，淮北大旱，继以瘟疫，朱元璋父、母、长兄皆病死。秋九月，元璋入皇觉寺为行童，云游淮西颍州一带。

至正八年（1348 年），二十一岁，年底，回皇觉寺。

至正十二年（1352 年），二十五岁，朱元璋投郭子兴部下为兵。

至正十五年（1355 年），二十八岁，正月，朱元璋攻克和州，奉郭子兴命总领诸将。二月，刘福通等迎立韩林儿为皇帝，号小明王，国号宋，建都亳州，建元龙凤。三月，郭子兴卒。

至正十六年（1356 年），二十九岁，二月，攻克集庆，改名应天府。

至正二十年（1360 年），三十三岁，陈友谅攻应天，元璋大败之。

至正二十一年（1361 年），三十四岁，朱元璋攻陈友谅于江州，陈友谅奔回武昌。小明王封朱元璋为吴国公。

至正二十三年（1363 年），三十六岁，朱元璋救小明王居滁州，张士诚自立为吴王。

至正二十四年（1364 年），三十七岁，朱元璋自立为吴王。

至正二十六年（1366 年），三十九岁，五月，朱元璋命徐达、常遇春攻张士诚根据地。十二月，朱元璋遣廖永忠迎小明王于滁州，中途沉之于江，宋亡。

至正二十七年（1367年），四十岁，徐达等擒张士诚，吴亡。

明太祖洪武元年，元顺帝至正二十八年（1368年），四十一岁，正月，朱元璋称帝，是为明太祖。立世子标为皇太子，封马氏为皇后。

洪武二年（1369年），四十二岁，常遇春卒于军中。朱元璋定内侍官制，编祖训录，定诸王封建之制。

洪武三年（1370年），四十三岁，朱元璋封诸子为王，大封功臣。元顺帝死。

洪武八年（1375年），四十八岁，诏天下立社学，刘基被毒死。

洪武十三年（1380年），五十三岁，左丞相胡惟庸以擅权诛，坐其党死者甚众。废中书省及丞相等官，提高六部官秩。安置宋濂于茂州，濂死于道。

洪武十五年（1382年），五十五岁，皇后马氏卒。空印案发，死者数百人。

洪武十七年（1384年），五十七岁，曹国公李文忠被毒死。

洪武十八年（1385年），五十八岁，魏国公徐达中毒死，户部侍郎郭桓坐盗官粮诛，死者数万人。

洪武二十三年（1390年），六十三岁，韩国公李善长党胡惟庸案发，坐诛，牵连死者甚众。

洪武二十五年（1392年），六十五岁，皇太子标死，立长孙允炆为皇太孙。

洪武二十六年（1393年），六十六岁，凉国公蓝玉被杀，功臣死者甚众。

洪武三十一年（1398年），七十一岁，闰五月，朱元璋卒。太孙允炆继位。

名人年谱 朱元璋